天才の復活

田中角栄の霊言

RYUHO OKAWA
大川隆法

まえがき

おそらくマスコミ界の仕掛《しか》け人《にん》の成功によるものだろうが、今、田中角栄ブームが起きつつある。過去にも不況の時や、「決断《けつだん》と実行《じっこう》」の政治が求められた時代に角栄ブームは起きた。昭和は遠くなったが、学歴《がくれき》エリートたちがこの国を救ってくれないのを不満に思っている人は多かろう。

しかし、お金で人を動かすことを汚《きたな》いことだと考えている人は、今でも多く、「格差是正《かくさぜせい》」という名の新しい共産主義の信奉者《しんぽうしゃ》は増え続けている。そういう人たちは、週刊誌《しゅうかんし》の得意技《とくいわざ》の「色《いろ》・カネ・欲《よく》」攻撃《こうげき》を、ネット社会で拡大《かくだい》している。田中角栄を、かつて権力の座からたたき落とした勢力《せいりょく》が、一九九〇年以降の長期経《ちょうきけい》済停滞《ざいていたい》の主戦力《しゅせんりょく》だといってもよかろう。

さて今、角栄さんなら何を言うか。本書がその答えの一つである。

二〇一六年　四月十三日

幸福《こうふく》の科学《かがく》グループ創始者兼総裁《そうししゃけんそうさい》
ＨＳ政経塾創立者兼名誉塾長《そうりつしゃけんめいよじゅくちょう》
大川隆法《おおかわりゅうほう》

天才の復活　田中角栄の霊言　目次

天才の復活　田中角栄《たなかかくえい》の霊言《れいげん》

二〇一六年三月八日　収録
東京都・幸福の科学総合本部にて

2

3

「霊言現象《れいげんげんしょう》」とは、あの世の霊存在の言葉を語り下ろす現象のことをいう。これは高度な悟《さと》りを開いた者に特有のものであり、「霊媒現象《れいばいげんしょう》」（トランス状態になって意識を失い、霊が一方的にしゃべる現象）とは異なる。

なお、「霊言」は、あくまでも霊人《れいじん》の意見であり、幸福の科学グループとしての見解と矛盾《むじゅん》する内容を含《ふく》む場合がある点、付記しておきたい。

天才の復活　田中角栄《たなかかくえい》の霊言《れいげん》

二〇一六年三月八日　収録

東京都・幸福の科学総合本部にて

田中角栄《たなかかくえい》（一九一八～一九九三）

政治家。新潟県《にいがた》出身。二田高等小学校卒。上京後、勉学をしながら働き、やがて田中土建工業を設立。政界入り後は郵政・大蔵・通産大臣等の要職を歴任し、「日本列島改造論」を掲《かか》げ、当時、戦後歴代最年少で首相に就任（第64・65代）。「日中国交正常化」などを果たす。また、「今太閤《いまたいこう》」「コンピュータ付きブルドーザー」等の異名を取った。

質問者　※質問順

吉井利光《よしいとしみつ》（ＨＳ政経塾《せいけいじゅく》部長〔人事・財経担当〕兼《けん》幸福の科学政務本部青年局部長）
〔収録時点・幸福の科学政務本部青年局部長 兼 ＨＳ政経塾部長〕

水野善丈《みずのよしひろ》（ＨＳ政経塾生）

坂本麻貴《さかもとまき》（ＨＳ政経塾生）

壹岐愛子《いきあいこ》（幸福の科学政務本部主任 兼 神奈川開拓《かながわかいたく》支部長）〔収録時点・ＨＳ政経塾生〕

和田《わだ》みな（幸福の科学政務本部主任〔財務担当 兼 選対担当〕兼 兵庫《ひょうご》開拓支部長）

1　田中角栄《たなかかくえい》元総理を招霊《しょうれい》して、「角栄待望論《たいぼうろん》」に応《こた》える

今の日本の政治状況《じょうきょう》のなかで出つつある「角栄待望論《かくえいたいぼうろん》」

大川隆法　今日は、私はどちらかというと、ＨＳ政経塾名誉塾長《せいけいじゅくめいよ》としての登壇《とうだん》になっています（注。ＨＳ政経塾は、未来の日本を背負う、政界・財界で活躍《かつやく》するエリート養成のための社会人教育機関。既成《きせい》の学問を超《こ》えた仏法真理《ぶっぽうしんり》を学ぶ「人生の大学院」として、地上ユートピア建設に貢献《こうけん》する本物の人材を多数輩出《はいしゅつ》するために設立した）。

今、ほかの事業が大きくて忙《いそが》しく、ＨＳ政経塾の存在感がだんだん薄《うす》くなってきつつあるので、そろそろ梃子入《てこい》れしないといけないと考えています。

ハッピー・サイエンス・ユニバーシティ（ＨＳＵ）でも政治を教え始めるので、

今後の政経塾の存在にはなかなか厳しいものがあるし、幸福実現党と一緒《いっしょ》に活動すると、だんだん〝下請《したう》け〟に回されて、〝政党の準職員〟にされる可能性もあるので、頑張《がんば》って独自色《どくじしょく》を出さなければいけないのではないかと、今、思っているところです（注。二〇一六年四月にＨＳＵに新設された「未来創造学部」には「政治・ジャーナリズム専攻《せんこう》コース」がある）。

今日は田中角栄《たなかかくえい》さんの霊《れい》をお呼びしようと思っています。というのも、去年の末ぐらいから、「田中角栄本」がだいぶ出始めて、またちょっとしたブームになってきつつあるからです。

そのもとには何があるかと言えば、結局、安倍《あべ》首相のしている「アベノミクス」に対して、「成功しないのではないか」という不信感があると思われるのです。もし、これが成功するというなら、そういう本は要《い》らないはずです。しかし、出てきているということは、「もし角《かく》さんならどうしただろう」というような感じなのではないでしょうか。

そのようなわけで、すでにこの世には存在しない人だけれども、待望論《たいぼうろん》のようなものが出てきているのではないかと思います。実際、「角栄待望論」は、生前の角栄さんが総理を辞《や》めたあとにも何回も出てきたことがありました。

最近もまた、待望論的なものが出たり、あるいは回顧論《かいころん》として「懐《なつ》かしい」などと言い始めたり、かつて天敵《てんてき》だったはずの人が、『天才』（石原慎太郎《いしはらしんたろう》著、幻冬舎《げんとうしゃ》刊）と題して田中角栄に関する本を書いて出したりしているのを見ると、やはり、今の日本の政治に欠けている、何か必要なものを持っている人ではあるのでしょう。

『天才』
（石原慎太郎著、幻冬舎刊）

生前は「コンピュータ付きブルドーザー」などという呼び方もされていましたけれども、即断即決《そくだんそっけつ》をして実行力のある人であったので、今、そういう馬力《ばりき》のある政治家が欲《ほ》しいということでもあるでしょうし、多くの人々の願いは「景気の回復」なのかもしれません。景気を回復して、グーッと引っ張っていくところなど、「日本の抱《かか》えている難題をどう解決するか」ということかと思います。

田中角栄元総理とドナルド・トランプ候補の共通点

大川隆法　今まで、田中角栄の霊言本《れいげんぼん》としては、高《たか》橋是清《はしこれきよ》・土光敏夫《どこうとしお》の霊言と共に所収の『景気回復法』（幸福の科学出版刊）や、高杉晋作《たかすぎしんさく》の霊言と共に所収の『救国の秘策』（幸福の科学出版刊）など、ほかの霊人《れいじん》と合わせて出したことはありましたが、田中角栄の霊言だけで本を出したことはないので、ひとつ取り組んでみる必要があると考えています。

　ですから、今日のメインテーマは、角栄ブームが出てきている背景から見て、「今の政治には何か田中

『救国の秘策』
（幸福の科学出版刊）

『景気回復法』
（幸福の科学出版刊）

角栄的なものが求められている」というところです。

昔、「日本列島改造論」で一世を風靡《ふうび》した田中角栄が、今なら何を考えるだろうか。あるいは、今の政治をどのように見ているのか。さらには、角栄さんが首相のときに、「日中国交正常化」を行いましたが、あの時点ではまさか今のような中国になることは予想していなかったでしょうから、現在は国際情勢等をどのように考えているのか。外交から軍事のほうに出ていくような考えについては、当時の人としては無力であるのか、または、新しい考えをお持ちであるのか。このあたりが気になるところです。

今、アメリカ大統領選では、泡沫《ほうまつ》候補と思われていた共和党のドナルド・トランプ候補が〝大暴《おおあば》れ〟している状況《じょうきょう》ではありますけれども、気持ちとしては分かります。

彼は、不動産王で金儲《かねもう》けがうまいですし、さらには交渉《こうしょう》の達人でもあります。そのあたりで、田中角栄さんと同じような範疇《はんちゅう》に入ってくる人でしょうから、やはり、

1972年に発刊された『日本列島改造論』(田中角栄著、日刊工業新聞社刊)

アメリカとしても、「強いアメリカ」を取り返したければ、そういう人を出してこざるをえない感じがあるのではないかという気がしています。

「政治の経験がないのに出て、どうするのだ」という意見もある反面、「政治家はもう結構だ。今はビジネスマンのほうが欲しい」と言っているアメリカ人もいるわけで、「ビジネスマンならやるようなことを、キチッとやってくれ」というような意見もあって、「トランプ人気」になっているところもあります。

角栄さんも、やはり、政治家だけれども、ある意味ではビジネスマンというか、実業家としての面がそうとう強く出ていたようには思うのです。そういう感覚が、「日本列島の改造」等にもなっていったのではないでしょうか。

アカデミズムではなくプラグマティズム的な力を頂きたい

大川隆法　今、「田中角栄本」がたくさん出ていますけれども、ほとんどが田中角栄の過去について語っているものばかりです。一方、当会は、過去ではなく、「現在ただいまならどう考えるか」ということを訊《き》けるところが強みであるので、〝真《しん》打《う》ち〟として、このあたりについての「田中角栄本」を一発決めたいと思っています。

もし、質問をしても「よっしゃよっしゃ」で終わってしまったらあとが続かないので、質問者三人では力不足ということであれば、会場にいる他の塾生が続いて質問を差し込《こ》んでも結構です。

今日は、ＨＳ政経塾の盛り上げ企画《きかく》として入れています。

ＨＳ政経塾も、ややアカデミックな感じに流れてきているのではないかと推定はしていて、もちろん、それはそれで構いません。ただ、大学院というか、勉強の場のような感じになっているのかもしれませんが、大学院を卒業しても政治家にはなれません。学者にはなれるけれども政治家にはなれないし、そうしたアカデミックな勉強は必要ではあるものの、角栄さんにアカデミックなものを求めるのは無理ではないかと思うので、今日は、もう少し手触《てざわ》り感のある政治の実感というか、「政治家ならこのように考えるのだ」「このようにするのだ」というあたりを学び取りたいと考えています。

さらには、生きている田中角栄さんを講師としてHS政経塾にお呼びしたら、どんな授業をなされるか、塾生に対してどんなアドバイスをなされるか。非常に人物眼のある人であっただろうと推定されるので、「ああ、君、無理だよ」とはっきり言われるか。そのへんはいろいろあるかと思うのですが、そのあたりの感触《かんしょく》を、3《スリー》D《ディー》というか〝4D《フォーディー》〟で楽しんでいただきたいという感じでしょうか。

実際に総理をし、いまだに待望論が出るような人から見て、念力《ねんりき》を合わせあってみたらどんな感じになるかを実体験いただければよいかと思うし、おそらく、政党のほうにも影響《えいきょう》はあると思います。

（質問者に）これはあなたがた次第《しだい》です。質問をしたがっているベテランの人はほかにも大勢いて、おそらく本としてもそちらのほうがよいのではないかとは思うのですが、やはり、まずは、HS政経塾を発展させていただきたいということです。

もっともっと当会の政治方面の後押《あとお》しをする力にしていきたいという意味で、アカデミズムではなくてプラグマティズム的な力を頂きたいし、私たちが教え切れていないところを取り出し、自分たちの力で、実践《じっせん》プログラムなりテキストなりに持っていけるものを聞き出してはどうかと考えているということです。

田中角栄を招霊《しょうれい》し、現代人へのアドバイスを頂く

大川隆法　では、長くなるので霊言《れいげん》に入ります。

今日は、かつて日本の総理大臣をなされ、「日本列島改造論」等をなされました田中角栄元首相の霊をお呼びし、後進の者たちにさまざまなるアドバイスを頂き、また、日本国民に対しても、現在の政治情勢、国際情勢のなかでの政治家のなすべきこと等についてのアドバイスを頂ければ幸いです。

田中角栄の霊よ、田中角栄の霊よ。

どうか、幸福の科学総合本部に降りたまいて、われらに、その本心を明かしたまえ。

田中角栄の霊よ、田中角栄の霊よ。
どうぞ、幸福の科学総合本部に降りたまいて、その本心を明かしたまえ。
ありがとうございます。

(約十秒間の沈黙《ちんもく》)

田中角栄（1918 ～ 1993）

戦後の宰相で、田中角栄氏ほど対極的な評価をされる人物も少ない。ロッキード事件が国民に与えた衝撃は大きく、金権政治家の代表のように批判される一方で、魅力的な逸話に事欠かず、近年も関連本の刊行が相次ぐなど、歴代総理きっての国民的人気は衰えていない。

たとえ政敵であっても、一対一で話をすると説得されてしまったり、情の厚さで味方に引き込まれたりすることも多かった。また、官僚一人ひとりの名前や家庭事情にまで通じて心遣いを見せ、自らのアイデアであっても官僚の手柄のように見せて花を持たせるなどして魅了した。

目白の自宅には陳情を持ち込む人々が列をなしたが、基本的にすべて会い、１件当たり３分程度という驚異的な決断力で、どんどん捌いていき、「できる」と約束した問題については必ず実行してくれたという。

そうした実務能力の高さや実行力、人間的な器の大きさには、いわゆるポピュリストとは一味違う、本当に頼りになる政治家らしい政治家の像を見出す人々も多く、いまだに人々を惹きつけ続けている。

（写真上：新潟・上越新幹線浦佐駅前広場の田中角栄像／下：卒業した二田高等小学校の跡地に建つ、柏崎市・田中角栄記念館）

2　田中角栄が語る「人を惹《ひ》きつけるコツ」

「野人《やじん》タイプの政治家が出にくくなっている」と嘆《なげ》く田中角栄

田中角栄　うーん?

吉井　田中角栄先生でいらっしゃいますか。

田中角栄　うん。まあ、何度かお呼びいただいて、恐縮《きょうしゅく》ですが(前掲《ぜんけい》『景気回復法』『救国の秘策』参照)。ああ……。

吉井　ありがとうございます。

田中角栄　わしは自民党の勉強会に呼ばれなきゃいけないいんだけどね。

吉井　本日はこちらのＨＳ政経塾《せいけいじゅく》という、政治家、または、企業家《きぎょうか》を養成する塾のほうで……。

田中角栄　自民党の議員も知らないいんじゃないかなあ。ＨＳ政経塾って何するところなの？

吉井　これから、今の日本の政治に足りないところを補《おぎな》う政治家、または企業家を養成し、輩出《はいしゅつ》するところでございます。

田中角栄　志《こころざし》はいいよなあ。実践《じっせん》を伴《ともな》えばな。

吉井　そうですね。まさにその「実践」のところなどを、ぜひ、ご指導いただきたいと思っております。

田中角栄　うーん。あ、それで終わりかあ?

吉井　いえ、あのー(会場笑)、今、「角栄待望論」もたくさん出ていますので、田中角栄先生からご覧になって、日本の政治に足りないところや、「こういう人材が、今の日本の政治に必要なんだ」と思われるところを、まず一言《ひとこと》頂ければと思います。

田中角栄　私なんかも責任あるんだろうけども、うーん……。何かね、「マスコミが騒《さわ》いでは、政治家を取り締《し》まる」っていう感じのことが繰《く》り返し、繰り返し行われているよね。「政治家は腐敗《ふはい》する」ということで、お金のところを締め上げたり、いろいろと法律で締め上げたりして、網《あみ》の目を細《こま》かぁくしてさあ。だんだん、「政治家性悪説」が出来上がってはいるので。

「政治家としての自由性が、創造性につながってる」っていうところが、もういっちょ分かってないんではないかな。そのへんの大小の区別がな。

やっぱり、マスコミは、「批評」はできるけど、「政治」はできないからね。粗探《あらさが》しみたいなのでチョコチョコつつくんやけど、「やってみい」っていうとこだわなあ。

わしも五億円ぐらいで〝葬《ほうむ》られた〟けど（ロッキード事件）、わしが動かしたお金は五億円とは違《ちが》うからねえ。

昔のマスコミは、そのへんの大小は分かっとっ

毎日新聞
号外
田中前首相を逮捕
疑獄捜査、一気に頂点
丸紅の五億円受取る
外為法違反容疑「ピーナツ」「ピーシズ」分
ロッキード事件

ロッキード事件で田中角栄前首相の逮捕を速報した「毎日新聞」号外（1976年7月27日付）。

たんだがな。だんだん細かくなっていって、規則が厳しくなってな。「野人《やじん》タイプの人」が出にくい感じだなあ。「縄抜《なわぬ》けの名人みたいな、細かい計算が立つような人ならできるけど」っていうところかなあ。

だから、「本当によかったのかい?」っていう感じかな。政治資金の、いろいろ規制をいっぱいかけたり、公選法（公職選挙法）等を細かくしたり、いっぱいしとるけど、いやあ、本当に必要なのは、「日本に必要な人材の供給」なんだよな?だけど、そうじゃなくて、政治家に学校の先生か何かみたいな（笑）、「道徳」を要求してるような感じかな。だから、ちょっと違うんじゃないかな。

それだったら、そら、宗教が（政治を）やってもいいと思うんだけど、今度は、宗教は宗教で嫌《きら》いなんだろう?マスコミのほうがな。宗教が政治に口を出すのもまた嫌《いや》なんで。結局、「自分たちが口出ししたい」っていうことなのかなとは思うんだけど。

うーん……、〝小粒《こつぶ》〟だよなあ。問題は「小粒」ということなんじゃないの。

国会の議論とかも揚《あ》げ足取《あしと》りのような議論ばかり多くて、全体を前進させるような、大きなブルドーザー的な力が働いとらんっていうところがあるんじゃないかな。

田中角栄が語る「男の色気《いろけ》」

吉井　今、「小粒」というお言葉がありましたが、そこを何とか打破《だは》していきたいと考えています。

やはり、田中角栄先生は、とても人気があり、不可能なことを可能に変えていったところがあると思います。「人の心をつかむコツ」について、「こうするべきだ」というのがありましたら、アドバイスを頂ければ幸いです。

田中角栄　うん、そらあ、ここでは言いにくいところがあるわな。（吉井《よしい》に向かって）君、それはね、場所を間違えたなあ。やっぱり、新橋《しんばし》あたりで一席設《もう》けてくれたら、そら本音は語るけどさあ（会場笑）。真《ま》っ昼間《ぴるま》から、君ね、「水一杯《いっぱい》でそれをしゃべる」っていうのは、そらあ君ぃ、ちょっと問題あるんとちゃうか。〝政治的資質〟に問題があるわな。

吉井　すみません。失礼しました（笑）（会場笑）。

田中角栄　人はそら、水では本音はしゃべらんよ。それは〝公式見解〟しかしゃべるまい、なあ。「本音を語れ」って言うんなら、これはちょっと水では無理じゃないか。新潟《にいがた》あたりから銘酒《めいしゅ》とか、ちょっと取り寄せないかん。「酔《よ》った勢いで、ついつい本音を語った」っていうことは、あってもええがなあ。

で、何が訊《き》きたいわけ？

吉井　真っ昼間であれなんですけれども（笑）、やはり、人の……。

田中角栄　人を惹《ひ》きつけるコツ？

吉井　はい。

田中角栄　いや、それはやっぱり、昼間はしゃべりにくいことが多いなあ（会場笑）。（質問者の女性の坂本《さかもと》を指して）ごめんね。やっぱり、「男の色気《いろけ》」だよ。ね？男子にとってはな。男の色気が要《い》るわな。

「男の色気が出てる政治家」っていうのは、数少ないんじゃないかな。男の色気は、男にも感応《かんのう》するんだよ。今は特にそういう時代だけどな。小粒になってしまってると、そういう色気がないのよね。

「男の色気って何か」っていうとさ、やっぱり、（大川隆法のワニのブローチに触《ふ》れながら）表向きは付き合うのが怖いワニみたいな顔しててもさ、中身は野心を秘《ひ》めてる感じかな。「もうちょっと大きいことをやろうとしてるんじゃないかなあ」

田中角栄　あの世からの「金言」①

「男の色気って何か」っていうとさ、表向きは付き合うのが怖いワニみたいな顔してもさ、中身は野心を秘《ひ》めてる感じかな。「もうちょっと大きいことをやろうとしてるんじゃないかなあ」っていうふうな、突《つ》き上げてくる感じなんじゃないかな。

っていうふうな、突《つ》き上げてくる感じなんじゃないかな。

まあ、女の色気は、分からんことはない。多少分かる。ただ、女の色気も大事ではあるが、やっぱり、男の色気のほうが付加価値は大きいよ。

女の色気はけっこう歴史があるんでな。競争も激甚《げきじん》である。男の色気は、競争はそれほど激甚ではない。男の色気を出せる人ってそんなにいるもんではないよな。そこだよ。

（吉井を指して）君ぃ、自分を見て、男の色気としてのＰＲポイントは？

吉井　ＰＲポイント（笑）（会場笑）。そうですねえ……。そこをバシッと言わなきゃいけないですよね。

田中角栄　（吉井を指して）ないでしょう？　ないでしょう？　これ。今、考えたな。考えただろう？　これ、やっぱり、三秒以内に答えられなきゃ駄目《だめ》だよな。

吉井　そうですね。

「スケールが全体に小さくなっていないか」

吉井　ちなみに、田中角栄先生は、「色気のＰＲポイント」を訊かれたら、どのように答えますか（会場笑）。

田中角栄　何て言うかなあ、やっぱり、女のほうが寄って来るぐらいでなきゃ駄目なわけよ。ズバリ色気に関して言えばね。

やっぱり、ファンになるっていうの？　だいたいそうでしょう？　芸能人でもそうだし、政治家でもそうだけど、女のほうがウワーッと押《お》しかけてきて、サインを求めるあたりでは、ちょっと足りないわけよ。

そのあたりで会って、握手《あくしゅ》は当然で、昼間だから握手しかできないけども、「父ちゃんの目がなかったら、本当は、角栄さんを押し倒《たお》してでも物《もの》にしたい」ぐらいの感じを、主婦層に思わせるぐらいの色気が要《い》るわけよ。この感じだよ。分からないかな？　これ、言葉にするのは難しいな。

吉井　先ほど、「野心」ということをおっしゃっていました。

田中角栄　ここでさ、「この人はやってのけるんじゃないか」と。だから、「戦国時代だったら、天下取りをするんじゃないかな」と思うとさ、天下の美女や才女たちが寄って来て、手伝おうかとするわけよな。「人柱《ひとばしら》にでもなってみようか」という気は起きるわけよ。それだけの志がある男ならさ。

だけどさ、くだらない男のために命を落とすなんて、バカバカしくて、やってられないね。

やっぱり、「天下を取る男のためだったら、政敵を葬《ほうむ》るのに毒ぐらい盛ってやろうか」と、そのくらいのことは考える女性は出てくるもんだよな。

だから、「スケールが全体に小さくなってないかなあ」っていう、そのスケールの小さい感じが女性を燃え立たせない。女性に人気がない人は、だいたい当選しないよ。男性の場合はな。

まあ、女性はちょっと……。最近は女性進出があるから、ちょっと言いにくい。男の人気がいっぱいある女性が当選するかどうかは、それは私は、よくは分からんけどね。基本的にはそら、男にも女にも人気はないといかんのだろうけど。

（舌打ち）女性のほうは、ちょっと、昼間では〝やや厳しい〟ものがあるから（会場笑）、まあ、言外《げんがい》に悟《さと》りたまえ。

吉井　はい。

「一秒で、相手に一目惚《ひとめぼ》れさせせないといけない」

田中角栄　とにかく男のほうは、やっぱりね、（質問者を指して）君らは道を歩いていても、声をかけられんでしょ？　ほんとにね。声がかからないでしょ？
知ってる人に会ったたって、手を上げて「おうっ！」って言えるか？

吉井　うーん……。

田中角栄　言えないだろう？　たぶん言えないだろう。視線を外《はず》すんじゃないか？
駄目なんだよ。これ、駄目なんだよ。これは会社員の下《した》っ端《ぱ》が、社長とかに会ったときの感じだな。
やっぱりね、知らん人でも、知ったような顔をしなきゃ駄目なんだ、政治家っていうのは。

コンビニ店員に声をかけたら、絶対に一票を入れさせるぐらいのつもりでなかったら、駄目なのよ。だけど、向こうは普通《ふつう》のお客さんと同じように公平に接しようとしてるだろう？　それは駄目なのよ。その一秒で、相手に一目惚《ひとめぼ》れさせないといけないわけよ。そういう気持ち、持ってるかなあ？

吉井　やはり、「一秒の瞬発力《しゅんぱつりょく》」というか、そのような思いは非常に大事だと思います。

田中角栄　ああ。

小学校卒だからこそ必要だった「努力」とは

吉井　先ほど、「志」や「野心」という表現があったと思うのですが、それと同時に、角栄先生は、官僚《かんりょう》の方といろいろな仕事をするなかでも、相手の家族構成など

田中角栄　あの世からの「金言」②

コンビニ店員に声をかけたら、絶対に一票を入れさせるぐらいのつもりでなかったら、駄目なのよ。その一秒で、相手に一目《ひとめ》惚《ほ》れさせないといけないわけよ。

を細かく覚えていらっしゃいました。そういったきめ細やかなところは、自然と両立されたものなのでしょうか。

田中角栄　そんなもん、努力しなかったらそうならんでしょう。そうする必要があればそうするし、「ない」と思ってる人はしないでしょう。

そらあね、昔の大蔵省《おおくらしょう》だろうと郵政省だろうといいけどさ、そのＯＢで「大臣に来た」っていうんなら、別に名前なんか覚えてる必要もないでしょう。「ＯＢだ」って、みんな知ってるんだからさ、言うことをきいてくれるけど。

でも、関係ないのが来てドンッと座《すわ》ったら、まず反発するわな。そんな、小学校卒の大臣とかが来たってさ、東大出の官僚ばかりぞろぞろ座ってるのに、端《はな》からバカにしてるに決まってるじゃないの。なあ？「土建屋の親父《おやじ》だろう」と思ってるわな。

ただ、それに乗れるかどうかだな。

（東大出の官僚たちは）「協力したくもないし、早く替わってくれんかな」と思うとるわな。「なんで、小学校卒の土建屋の親父が、東大首席・大蔵省トップの福田《ふくだ》赳夫《たけお》と競争するんだ」っていうのは、みんな、さっぱり分からんよなあ？

この、さっぱり分からんところに、さっぱり分からんやつを分からせてやる必要があるわけよ。そうしたら、福田赳夫が絶対できないことをやるしかないわけ。

吉井　うーん。

田中角栄　「福田赳夫が絶対にできないことは何か」っていうと……、彼はもう「自画自賛《じがじさん》の世界」に完全に入っとるからさ。完全に自画自賛だ。

1972年7月、自民党総裁選挙で新総裁選出後、首相官邸でのレセプションに訪れた福田赳夫氏（中央左）。田中角栄氏（中央右）と生い立ちや学歴、政治信条まで対照的な二人は、「角福戦争」と呼ばれる熾烈な政争を20年近くにわたって繰り広げた。

だから、こちらも自画自賛じゃあ、全然、話にならないわけで。経歴なんか、もう「バレバレ」の「見え見え」だからな。そんなの分かり切ってるから、「意外性の勝負」だよな。意外性がなきゃいけないわけよ。

だけど、会う時間はそんなにはない。短い時間しか、人と会うことはないが、その短い間が、居合《いあ》い抜きみたいな、一瞬の勝負なんで。相手を「はっ！」と思わせなきゃいけない。ドキッとさせなきゃいけないよね？「知ってるんだ!?」「うわ！私のそんなところを見てたのか」「家族まで知ってたのか」とかな。例えば、「下の娘《むすめ》さんは結婚《けっこん》されたんかい？」とか、こんな感じで来られたら、やっぱり参るじゃないですか。ね？

吉井　はい。

田中角栄　そんな感じだなあ。

私は、他人《ひと》の名前を十万人は覚えてたと思うよ、少なくともな。それから、何度も会った人の場合は、家族構成まで頭に入ってたとは思うんでね。それをね、「超能力《ちょうのうりょく》だ」と思わせるところまで頑張《がんば》らなきゃいかんわけよ。やっぱり、（書き物をするしぐさをしながら）それをメモに取るなりノートに取るなり、何でもいいけど、いつも書いていて、そういう機会があったら、事前にパッと見ただけでサッと頭に入らないといかんわけよ。

「幸福の科学」の名称《めいしょう》について追及《ついきゅう》する田中角栄

田中角栄　君らで言や、逆でも一緒《いっしょ》だよ。要するに、たまたま、うーん……、（吉井に）「ＨＳ」って、何の略語だ？

吉井　「ハッピー・サイエンス」です。

田中角栄　あの世からの「金言」③

私は、他人《ひと》の名前を十万人は覚えてたと思うよ、少なくともな。それから、何度も会った人の場合は、家族構成まで頭に入ってたとは思うんでね。

それをね、「超能力《ちょうのうりょく》だ」と思わせるところまで頑張《がんば》らなきゃいかんわけよ。

田中角栄　いやあ、小学校卒だから分からんな、英語が。「ハッピー・サイエンス」って、何？

吉井　あっ、「幸福の科学」の英訳です。

田中角栄　「幸福の科学」って、何？

吉井　「幸福の科学」は宗教なんですけれども。

田中角栄　なんで、「科学」なの？

吉井　「幸福を科学する」ということで……。

田中角栄　分からん。全然、分からん。

吉井　（苦笑）

田中角栄　なんで「幸福を科学する」が宗教なの？　「幸福を信仰《しんこう》する」とかなら分かるな。分からんなあ。

吉井　「幸福の科学」について言えば、「その人の幸福を、その人に合った方向で示していく」というか、「お伝えしていく」というようなところなのですけれども。

田中角栄　じゃあ、その幸福の科学を、例えば、わしが生きとるとして、生前だとして、わしに適用すると、どういうふうに科学したら、わしは幸福になるんだよ？

吉井　（苦笑）角栄先生は……。

田中角栄　例えばの話な。分かるように言ってくれよ。

吉井　そうですね。角栄先生の場合、「ご生前、すでに幸福だったのではないか」と思うのですけれども。

田中角栄　何を言うとるのや（会場笑）。これは、他人《ひと》のことを……、あんたねえ。冷たいわあ！　君ねえ。

吉井　いや（苦笑）（会場笑）。

田中角栄　わしみたいな人生を送ったら、つまり、途中《とちゅう》までよくて、あとは、もう非難囂々《ひなんごうごう》の嵐《あらし》で、十年、二十年とやられたら、だいたい、「どうせ、墓場《はかば》の下で迷っとるに違いなし」と思われとるわな。

吉井　いやあ……。

田中角栄　だから、「幸福の科学です。とにかく、みんなで拝《おが》みます」って言うたら、「ああ、そうかいな」と、それなら分かるわな。
そして、新潟の人のところへ行って、「成仏《じょうぶつ》しとりまっせ」と言うてくれるなら、分かる。宗教としてはな。
それ以外のは、全然分からんなあ。うーん。

3　高度成長してきた日本の歯車はどこで狂《くる》ったのか

「日本列島改造論の延長をずっとやってるんだ」

吉井　角栄先生は、ご生前、「今太閤《いまたいこう》」と言われていましたが……。

田中角栄　最初だけな。

吉井　日本国民は今、角栄先生の一気に昇《のぼ》っていったそのお姿とか、そういうことを求めているところがあるのかなと……。

田中角栄　石油ショックだろう? トイレットペーパーの買い付け騒《さわ》ぎだろう?

なんで、わしが今、必要なわけ？　教えてよ。

吉井　今は、安倍《あべ》政権がアベノミクスをやっていますが、景気がだんだん悪くなってきていまして……。

田中角栄　アベノミクス？　全然、分からんなあ。分かるように言うてくれる？

吉井　まあ、今の状況《じょうきょう》としては、金利が「マイナス金利」になり……。

田中角栄　君ね、もう、いきなり分からない。

1973年、石油危機のあおりで「トイレットペーパーがなくなる」という噂が飛び交い、買い付けパニックが起きた。(写真：東京都港区のスーパーで)

吉井　（苦笑）（会場笑）

田中角栄　それは、あかんな。分からんね。あなたね、私は〝幽霊《ゆうれい》〟になって、今、二十数年ぶりに出てきとるのよ。分かる？　二十数年ぶりに出てきた〝幽霊〟に対して、「マイナス金利をやっていて……」なんて。〝幽霊〟が分かると思うか？

吉井　（苦笑）失礼しました。そうですね。今、日本としては、お金を使う場所がない状況になっていまして。

田中角栄　お金を使う場所がない？

吉井　ええ、「新しい日本列島改造論」が必要になってきています。

田中角栄　なるほど。

吉井　お金をどこに使っていいのか分からなくて、銀行にお金が溜《た》まっていて、みんな国債《こくさい》ばかり買っているような、そんな状況になっていて……。

田中角栄　だって、新幹線が通ってるじゃない？

吉井　そうですね。

田中角栄　僕《ぼく》らのころより、ずっと新幹線が通ってるよな。

吉井　ええ、通ってはいるのですけれども。

田中角栄　それは、「日本列島改造論」の延長だよ。まだやってるんだよ。私らが言ってたころのやつを、ずっとやってるんだ。

私だって、新幹線を通すように言ってたよ、全国な。佐藤栄作《さとうえいさく》さんとかはさ、「狸《たぬき》か狐《きつね》でも乗せるんかい?」って言ってたよ。だけど、それを今やってんだろ?　全国な。

吉井　はい。

田中角栄　(新幹線は)今、北海道まで行っとるんと違《ちが》うの?　(注。北海道新幹線は、青森県青森

田中角栄氏は雪に閉ざされた日本海側と首都圏との地域格差解消に努め、関越自動車道や上越新幹線等の整備に尽力した。(写真:1982年11月、大宮〜新潟間を上越新幹線が開業)

市から北海道札幌《さっぽろ》市までを結ぶ計画で、二〇一六年三月二十六日には、新青森――新函館北斗《はこだてほくと》間が開業した）

吉井　そうですね。

「国防強化」が必要になった根拠《こんきょ》を質問し続ける田中角栄

吉井　ただ、今までの考えの延長上にあって、もう一段、新しいことをしていかないと、日本としても、景気や経済が元気になっていかない状況になっています。

田中角栄　うん。

吉井　当時、国防のところも、なかなか手がつけられなかった状況だったと思うのですが、「もう少し、ここへお金を使うべきかどうか」とか、そういう感じで今……。

田中角栄　あぁー。あのね、二十数年ぶりに出てきた〝幽霊〟なわけよ。

吉井　（苦笑）

田中角栄　だからね、「国防のところに、もうちょっとお金を使う」っていうのが、私には分からんわけよ。ね？　君ね、分かるような日本語で言うてくれる？

吉井　そうですね。当時、角栄先生は、日中国交正常化にご尽力《じんりょく》されたと思うのですが、今、中国の海洋進出の動きは非常にエスカレートしています。

田中角栄　うーん。

吉井　例えば、当時ではありえないと思うのですが、中国は、フィリピンやベトナムの近海に軍事基地をつくったり、沖縄《おきなわ》の尖閣《せんかく》諸島についても、「自分の領土だ」と主張したりしています。
　このように、中国政府が各国に対して、かなり脅威《きょうい》になってきている状況なんです。

田中角栄　なんでそうなったんだ？　なんでそうなった？

吉井　一つには、やはり、日本政府として、きちんと対応していなかったという……。

田中角栄　わしが、日中国交回復したのが悪かったのか？

吉井　いえ、そのときは、それは必要な面もあったのだと思うのですが、今は、そのように、かなり危険な状況になっています。

田中角栄　なんでそうなったんだ?

吉井　一つには、日本国憲法第九条の問題もあると思います。基本的に、日米同盟でずっとやっていますけれども……。

田中角栄　うん。それでいいじゃん。

吉井　でも、それだと、アメリカも、だんだん後

1972年9月、田中角栄首相は中国の周恩来首相と日中共同声明を発表、両国の国交を結んだ。(写真：調印式で署名をする両首相)

退していってしまって……。

田中角栄　なんで？　なんで後退したんだ？

吉井　アメリカも軍事費を削減《さくげん》していますが、財政が厳しい状況になってしまいまして……。

田中角栄　ふーん。財政が厳しい……。で、中国は財政が豊かで、軍事拡張ができるわけ？

吉井　今、軍事を拡張してきていますね。

田中角栄　なんでできるようになったんだ？　何が成功した？

吉井　やはり、中国の経済は非常に成長していったと思います。

田中角栄　それは、日中国交回復して、米中国交回復して、経済を大きくしたからと違うのか？

吉井　はい。

「中国だけ大きくなるって、どういうこと？」と訝《いぶか》る田中角栄

田中角栄　あと、貿易っていうのはさ、片方だけ儲《もう》けることはできんのと違うか？

吉井　はい。

田中角栄　中国が大きくなったんだったら、アメリカと日本も〝大きく〟なってないといかんのと違うのか？

吉井　はい。

田中角栄　なんでそうならんのだ？

吉井　ここが、今、日本の政治の課題だと思います。

田中角栄　教えてくれよ。おかしいじゃないか。「中国だけ大きくなって、日本が大きくならん」って、どういうこと？　分からんな。

吉井　ここが、おかしいところなんです。

田中角栄　わしには分からんな。それは、（ＨＳ）政経塾《せいけいじゅく》に教えてもらわんと分からん。

吉井　（苦笑）

田中角栄　それは分からん。

吉井　日本には、自分の国できちんと対応をしてこなかったところがあると思います。

例えば、防衛費についても、当時は、「ＧＮＰ（国民総生産）の一パーセント枠《わく》」とか……。

田中角栄　いいじゃん。安うていいじゃん。

吉井　安くていいのですが……。

田中角栄　それが一パーでよかったら、どんどん経済発展に邁進《まいしん》できるじゃない。お金を全部、そちらにつぎ込《こ》んだらいいんでしょう？　どんどん公共投資して、やりまくったらいいじゃない？

軍事費が要《い》らないんだったら、大発展するじゃない？　何がいけないわけ？

吉井　本当は、大発展していなければいけないと思います。していなければいけないのですけれども……。

田中角栄　軍事費に十パーも二十パーも使ってごらんなさいよ。そらあ、普通《ふつう》の経済発展のために出せる金がないから、もっと発展が低いんじゃないの？

吉井　ただ、それは軍事のためだけではなくて、軍事をやることによって、どんどん、民生《みんせい》というか、いわゆる民間のほうに使えるものに、いろいろな最先端《さいせんたん》技術を波及《はきゅう》させていくことができます。国としても技術的な財産がかなりできてくるのですけれども……。

田中角栄　ふうーん。

吉井　正直に言うと、日本は、まだそこまで手が出せていません。これについては、日米同盟のところの問題もあるとは思うのですけれども……。

第二次大戦下で、最先端《さいせんたん》だった日本が発展しなくなったのはなぜか

田中角栄　いや、戦前だって、（日本でも）軍事研究をずいぶんやっていて、国家予算の半分ぐらいは軍事予算だったけどさ。全然、経済はよくならなかったよ。どうしてだ？　君（吉井）の理論で言や、民生用に転用して、どんどん発展するのと違うのか？

吉井　ただ、当時の日本経済だけだと、やはり〝あれ〟ですよね。当時、日本は、エネルギーのところなどが、かなり脆弱《ぜいじゃく》な状況で、アメリカからの輸入がほぼ主力だったと思いますけれども。

田中角栄　（吉井に）だいぶ行き詰《づ》まっとるじゃないか。
あかんな。あんた、〝亡霊《ぼうれい》〟に負けたらあかんわあ。そらあね、生きてる人間が

頑張《がんば》らんと。

吉井　（苦笑）ただ、第二次大戦のときは、ほかの国々が日本を、ある意味で囲い込んでくるような状況があったと思います。

田中角栄　うーん、なるほど。
でも、日本は先進国のドイツとは同盟を結んだんだろう。

吉井　はい。

田中角栄　それだったら、ドイツの科学技術がいくらでも入ってくるじゃないか。何が悪いねん？　（当時）世界最高っていう説があったぐらいだからな。

吉井　ええ。しかし、当時はやはり、アメリカとイギリスですよね。この国々と敵対してしまったことによって、日本は体力的にも、もたなかったところがあると思います。

田中角栄　だけど、ヨーロッパでは、最強の軍事国家だったドイツの科学技術……、「ミサイル技術」まであったしね。

吉井　はい。

田中角栄　それも、先の大戦のとき、すでに、今のようなミサイルの撃《う》ち合いをやれたんだからね。V2《ヴィツー》ロケットみたいなのを、ロンドンへバンバン撃ち込んどったわね。

吉井　はい。

田中角栄　だけど、日本は、それに対抗《たいこう》するかのように、ドイツにはなかった空母艦隊《かんたい》なんていうもんを発明してね、機動部隊っていうのをつくったのよ。

アメリカより先に「機動部隊」をつくったのは日本なんだからな。だから、これは最先端《さいせんたん》じゃん。

吉井　はい。当時、最先端でした。

田中角栄　軍事で最先端を行ってるのに、なんでこんなふうになったわけ？　おかしい。

負けて、それで敗戦から立ち上がって、軍事費を減らして、経済成功して……、わしらは、

第2次大戦中、ドイツ軍が開発したV2ロケットは、初めて液体燃料が使われた弾道ミサイルで、イギリスやベルギー等が標的にされた。（写真：ペーネミュンデ陸軍兵器実験場）

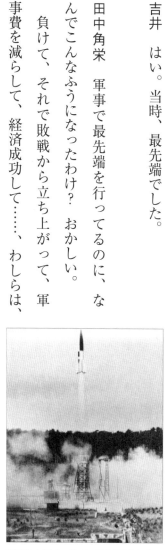

そのなかに生きとったけどもね。

吉井　はい。

田中角栄　それで経済成長して、世界第二位のGDP（国内総生産）になってなあ。うーん。わしは、そのなかに生きとったけども……。

日本を停滞《ていたい》させ、中国を甘《あま》やかしたのはアメリカ

田中角栄　何がいかんわけ？　何が駄目《だめ》になったわけ？　歯車はどこで狂《くる》った？

吉井　おそらく、世界から見て、日本の位置が当時とは変わってきたからだと思うのです。

田中角栄　ふうーん。

吉井　当時は、「追いつき、追い越《こ》せ」という状況だと思います。日本は、敗戦のなかから伸《の》びてきました。

田中角栄　うん、うん、うん、うん。

吉井　そして、日本が、もうすぐアメリカも抜《ぬ》いて、日本から何か発信していかなければいけないというような状況になりました。しかし、「日本として、そこまでの構想がなかったのではないか」というようなことが考えられると思います。

田中角栄　うーん。そうかねえ……？

日本が発展したのは、（為替《かわせ》レートを）「一ドル＝三百六十円」で、ずっと置いてくれてたからじゃないか？
ほんとは一ドル百円ぐらいだったのに、三百六十円で、長らく固定相場で置いてくれたからさ、「安売り」ができたわけよ。ねえ？

吉井　ええ。

田中角栄　だから、アメリカにどんどん売り込みができて、輸出ができて儲かって、そして国が発展した。アメリカの内部の産業はどんどんダメージを受けてやられたけど、日本を立ち直らせるために我慢《がまん》していてくれた。
だけど、これが、「プラザ合意」だなんだと言って、だんだん円高へ誘導《ゆうどう》し始めたあたり

「プラザ合意」は1985年9月22日、ニューヨークのプラザホテル（写真）で開催された先進五カ国蔵相・中央銀行総裁会議（G5）における、為替レート安定化に関する合意のこと。合意前は1ドル=230円台のレートが、合意後の1987年末には1ドル=120円台のレートとなった。

から、日本経済は輸出でもたなくなってき始めて……。
わしがこんなの解説したらおかしいのと違うか？

吉井　いえ（苦笑）。

田中角栄　あんたらのほうが、よう知ってるはずなんやけど。一ドル＝三百八円になって、そのあと二百円台になって、百円台になって、七十何円までつけたわな。
その間《あいだ》、元《げん》のほうはどうだったかと言うと、かつての日本みたいに優遇《ゆうぐう》された状況が長くあって、中国製品の「安売り」が、世界中で席巻《せっけん》できるような感じに維持《いじ》されとったわなあ。
だから、中国を甘《あま》やかして発展させたのはアメリカだわな。だろ？

吉井　はい。そうかもしれません。

●**円の変動相場制**　戦後の為替制度はアメリカのドルを基調とする「1ドル＝360円」の固定相場制であり、1971年のニクソン・ショックの後、スミソニアン協定でドルの切り下げが決められ、「1ドル＝308円」となった。しかし、ドルの固定相場制の維持が困難となり、1973年には変動相場制へ移行した。

田中角栄　その間《かん》に日本が変動相場に陥《おちい》って、どんどんと競争が厳しくなっていって、そうした後発《こうはつ》商品にどんどん追い抜かれていった。それで、先発商品のほうに行かなきゃいけなくなったんだけど、そこはアメリカが岩盤《がんばん》のように利権を持ってたりして、「入《はい》れなくなった」っていう、そんな感じなんじゃないの？

吉井　はい。おっしゃるとおりだと思います。

田中角栄　わしが言っちゃ、いかんのじゃないですか。

吉井　いえ、いえ、いえ、いえ。そのとおりでありました。ただ、そうした現状のなかで、今、日本としては新しい発想が必要な状況だと思います。やはり、状況が変わってきて、これからは日本から何か発信していく必要

●**中国を甘やかして発展させたのは……**　1994年、アメリカのクリントン政権下において、人民元は、1ドル＝5元台から8元台まで切り下げが行われ、1ドル＝約8.28元の固定相場制が1998年から2005年6月まで続いた。これにより、中国は「世界の工場」として輸出競争力が劇的に高まったとされる。

が出てきていると思うのですが、それが何か分からないというところです。

そこで、今日はぜひ、「それは何なのか。これから何が日本に必要なのか」というところを……。

田中角栄　いやあ、そら、政経塾に教えてもらわんと分からんわ。

吉井　（苦笑）

田中角栄　それは分からんわ。そらあ分からん。

君らは自民党を指導しとるっていう話じゃないですか。ねえ？　ぜひとも、いいアイデアを聞かせてもらわないかんなあ。

4　日本は〝理想の社会〟だと言えるのか!?

「目標喪失感《そうしつ》」が漂《ただよ》う今の日本

田中角栄　（吉井に）君、だいぶ疲《つか》れたろう。隣《となり》（水野《みずの》）、どうだい？

水野　本日は、お越《こ》しいただきまして、まことにありがとうございます。私はＨＳ政経塾《せいけいじゅく》五期生の水野善丈《よしひろ》と申します。

田中角栄　ふうーん。五期生も。

水野　はい。

田中角栄先生におかれましては、やはり、「人心掌握《じんしんしょうあく》」といいますか、「人の心をつかむ」というところが非常に優《すぐ》れていると思います。これは一瞬《いっしゅん》の勝負だと思うのですが、今、私たちも政治活動のなかで、支持者づくりやポスター貼《は》りなど、そうした、さまざまな機会があるわけです。

もちろん、官僚《かんりょう》とかは、知っているなかにおいて下調べができると思うのですけれども、支持者づくりなどでは、「いかに、初めて会った方の心を惹《ひ》きつけていくか。心を開いていただけるか」というところが非常に大切だと思います。

そういうところで、田中角栄先生が意識されていたことや、心構えとして持っておられたことなどを、ぜひともお伺《うかが》いしたいと考えています。

今年（二〇一六年）の七月の参議院選挙に向けて、全力で頑張《がんば》っておりますので、何か現場で生かしていけることを教えていただきたいと思います。

田中角栄　いや、私らのときには、「敗戦後の日本を復興させる」っていう大きな目標があったからさ。だから、政治も、そういう目的があってやってたからね。

だから、「敗戦日本を復興させて、立派な国にしよう」という目標があったからさ。それは〝土建屋の目標〟とも一致《いっち》してたところがあるわね。

さっきの人（吉井）も言うとったけど、「目標喪失《そうしつ》感」はあるんじゃないかなあ。「世界二位から三位に落ちた」とかいう話もあるけれども、「それで何が悪いの？」っていうのが若い人たちの感じなんじゃないの？「そんなの関係ない。二位でも三位でも、別に関係ないいんだけど」っていう、「自分には関係ない」っていう感じなんじゃないのかな。だから国家目標もないし、個人としても先行きの目標みたいなのがあんまりない感じには見えるけどね。そういうところで活力がなくなっとるしさ、人口は減り始めてるというしさあ。

だから、「人心掌握」ったって、何しに掌握しなきゃいけないか、さっぱり分からないんじゃないのか？　どうなの？

政策が国民の生活に結びついていない理由

水野　まさに、それはおっしゃるとおりです。

現場で若い方に出会うと、彼らにとっては年金といっても、「自分たちは先行きがないから、副業とかもして、自分たちで働いて生計を立てていかなければならない」ということで、必死に生活をされている方が大勢いらっしゃいます。

そうした意味でも、私たちは、未来に希望が持てるビジョンを描いて、日本において成長政策を打っていき、リニアモーターカー構想等の政策を掲《かか》げているわけです。

しかし、実際に現場の人にとっては、「生活のところが非常に大切」ということで、私たちの活動が、「政策」と「生活」を結びつけていけていないところがあるのかなと……。

田中角栄　だから、「生活色」があんまりないんと違《ちが》うのかな。私らの感じだけどね。

水野　ああ、そうですか……。

田中角栄　君らはもう満ち足りているのと違う？　ハングリーでないとやってられないところがあるからさ。ちょっと満ち足りてるんじゃゃない？　本当は、政治なんていう不安定な世界に入らないで、お布施《ふせ》だけで生活できる〝ありがたーい生活〟のほうがいいんじゃないのか？　どう？

水野　やはり、希望を持てる日本にするために、政策を打ち立てて……。

田中角栄　政治なんて、いいことは何もないよ。頭を下げて、下げて、下げて、下げてねえ、握手して回って、場合によっては血まみれになるぐらいなんだな。

あのな、女性なんかでも指輪してる女性とかいるだろう？　ああいう人たちと握手してたら、ほんとね、もう血が出るよ、手も。本当にそのくらいになるんでさあ、決していいことないよ。

君らだったら、銀座《ぎんざ》に座《すわ》って、イスラム教徒みたいに下に何か毛布でも敷《し》いて、頭を下げながらさ、「政治資金くださーい！」ってやってみろよ。一日でやめたくなるからさ。

そういうふうなもんで、人に頭を下げるっていうのは、そんなに楽なことではないですよ。

やっぱり、坊《ぼう》さんがいちばんええなあ。坊さんはええわ。坊さんは働かんで収入があって、食っていけるようになってるんだから、これはいいよ。やっぱり、君たち、早めに足を洗ったほうがいいよ。信仰心《しんこうしん》一本で食っていく道がいちばんいいよ。

田中角栄が政治家を志した原動力とは

吉井　もちろん、そういうお考えもあると思うのですけれども……。

田中角栄　そのとおりだろう? まあ、そうだよねえ。

吉井　いえ、いえ、いえ。とんでもないです。

ただ、そうおっしゃりつつも、田中角栄先生は、政界のなかで志《こころざし》を成し遂《と》げたいということで、政治家をされていたと思います。いったい、その原動力は何だったのでしょうか。大変ななかで、どうやって……。

選挙区で支持者と握手して回る田中角栄候補。(写真:1976年11月、第34回衆議院選挙で)

田中角栄　いやあ、それは小学校で学業をやめたらええよ。そしたら偉《えら》くなりたくなるからさ。あとは、貧乏《びんぼう》でも経験したらええわな。家が破産でもすると、本当にやる気が出てくる。「もう、自分が稼《かせ》がないとどうしようもない」っていう感じになるから。「若くして社長でもやろうか」っていう気になるわな。

やっぱりね、君らは「幸福、幸福」って言うけどさ、いろいろと不幸が積み重なってこそ、そこから脱出《だっしゅつ》しようとするところに人は馬力《ばりき》が出てくるんであってね。何もかも満ち足りた世界においては、それはねえ、求めたって満足しませんよ。

例えば、老人ホームにみんなが入れたとしてもさ、自分よりいい老人ホームに入ってる人がうらやましいんだな。「ああ、もっといい老人ホームに入りたい。レベルを上げてくれ」と、いくらでも言うからさ。

医療《いりょう》だって、「もっといい医療が受けたい」と、みんながそうなるわな。でも、食糧《しょくりょう》不足の時代なんかは医療も何もあったもんじゃないな。バタバタ死んでいくわな、人が。

それがどんどん変わっていって、収入がなくても面倒《めんどう》を見てくれる社会になったんだろう？　ある意味では、〝理想の社会〟がもうできたわけよ。

〝理想の社会〟ができて、それで終わるかと思ったら、「理想の社会で、まだ格差というものがある」っていうことで、「それが詰まらない。もっともっと格差を詰《つ》めていかないと満足しない」という人はいっぱい出てきてるわけや。

これはねえ、世の中をよくしようとしたら、もうちょっと大きな不幸がもう一回来て、もう一回下から這《は》い上がると、「上がる楽しみ」が出てくるよな。だけど、これから上に積み上げるのは難しいな。

「国民に、お上《かみ》に頼《たよ》る心を捨てさせなきゃいかん」

吉井　先ほどのお話にもあったように、「満ち足りてしまっているなかで、なんで志を持たなければいけないの？」というような風潮もあると思うのですけれども、

田中角栄　あの世からの「金言」④

いろいろと不幸が積み重なってこそ、そこから脱出《だっしゅつ》しようとするところに人は馬力《ばりき》が出てくるんであってね。何もかも満ち足りた世界においては、それはねえ、求めたって満足しませんよ。

そのなかで、私たちは日本の持っている可能性を引き出していきたいと強く思っています。

やはり、このあたりに民意を導いていくというか、そう思っていないところをクルッと向かわせていくためには、「ビジョン」なり「構想」なりが必要だと思うのですが、田中角栄先生なら、どのようなものを出されますでしょうか。

田中角栄　うーん……。わしなんかは古くなってしもうたから、それは、「安倍《あべ》さんが行くところまで行ったら、次は誰《だれ》がどうするか」っていうぐらいしか考えられんがな。

ただ、君たちは残念だけど、何だろうかね、わしらとはだいぶ違うな。やっぱり、だいぶ違う感じがするなあ。まだ政治に「人々の幸福」がかかった時代の人間だからね。今は、実はそうではないかもしれないな。

「政治があれこれといじってくれることで、先行きが不透明《ふとうめい》になって、分からんようになるから、あんまり口を出してほしくない」というような感じなんじゃないのかね。

だから、今必要なのは、「お上《かみ》に頼《たよ》る心」を国民に捨てさせなきゃいかんのじゃないかね。そういう意味では、民間が力を持たなきゃいけないのであって。

（今、日本は）財政赤字なんだろ？　だから、役所が潰《つぶ》れたらいいんじゃないの？　役所が潰れると許認可行政はなくなるよな。それがいちばんいいんじゃないのか？「自分たちでやりなさい」っていうことで、そしたら優秀《ゆうしゅう》なものが伸《の》びて、補助金ばっかりもらってるような企業《きぎょう》とか組織とか、そういうものは淘汰《とうた》されていくんだろうからさ。それでいいんじゃないのかねえ。


社会保障費の増大は、若い人もお年寄りも幸福にしない

吉井　「政府を小さくしていく」という方向に関連してですが、今は社会保障費が非常に大きくなっていまして、これは……。

田中角栄　ああ、それは駄目《だめ》だ。もうこのままでは駄目だ。先行きが苦しくなって、若い人はやる気がなくなるし、年寄りは邪魔者《じゃまもの》にされるし、〝幸福の科学〟的には、あまりよろしくないなあ。

だから、年寄りはね、七十過ぎたら、食文化を新潟《にいがた》系の食文化に変えて、塩気《しおけ》を多くして肉を食べることだな。醤油《しょうゆ》、塩、辛《から》いものをしっかり食べさせたらいい。そうすると、八十以上まで生きるのはなかなか大変だから。そのくらいで死んでくれるからさ。

やっぱり、九十まで生きられたら大変なことですから。九十まで生きるなら、生きるためにもう一回、〝再登録〟してもらわないといけない。「九十まで生きるために、あなたは何をしますか？」っていうのを、もう一回登録していただいて、「こういうことで国家に貢献《こうけん》しますので、九十まで生かしてください」と。こういうのがないとさあ。

田中角栄 あの世からの「金言」⑤

財政赤字なんだろ？ だから、役所が潰《つぶ》れたらいいんじゃないの？ 役所が潰れると許認可行政はなくなるよな。 それがいちばんいいんじゃないのか？

ただ長生きされて、「もっともっと奉仕《ほうし》しろ」っていうのは、それは無理だよ。

田中角栄は日本の社会保障をどう見るか

吉井　社会保障の考え方ですが、まさに角栄先生が現役《げんえき》でやっていらっしゃったときには、「社会保障を手厚《てあつ》くしよう」という流れがありました。それはそれで必要だったと思うのですけれども、先ほどおっしゃったとおり、今は立ち行かなくなってきています。この社会保障についても、新しい考え方を示していく必要はあると思うのです。

田中角栄　優《やさ》しすぎるんだよ、社会が。だって、あなたがたが道を歩いて、乞食《こじき》は座ってるか？　この近所に乞食はいるか？

吉井　いないです。

田中角栄　だから、「貧しい」っていうのはね、あっちもこっちも街角《まちかど》に乞食がいっぱいいる。こうやって手を出して、子供まで出てきてね、「恵《めぐ》んでください」って。これが、貧しいっていう状況《じょうきょう》なんですよ。

ほかの国に行ったらあるはずだよ。それが貧しいっていう状況なんだよ。そうなってないでしょう? だからね、やっぱり、「ないものねだり」をだいぶしてるわけよ。本当は、今の時代は、働かずして食っていける人がけっこういるわけ。

要するに、昔だったら、家族のために一生懸命《いっしょうけんめい》尽くしておかないと、家族でもなきゃ自分の面倒を見てくれないからね。それで親子の関係とか、きょうだい、親戚《しんせき》とかの絆《きずな》はあったわけよ。そうしないと、どうなるか分かんないからね。老後の保障なんか何もない。

今はさ、どこの誰かも分からん人たちが助けてくれるんだよ。うーん、非常に「いい世の中」だと思うよ。「いい世の中」だと思うけど、何かを忘れてるんじゃないだろうかね。

昔は、親子で助け合う場合には、そういう〝付き合い〟っていうのが、ちゃんと要《い》ったでしょう。「普通《ふつう》は大学なんかやってもらえないところを、親が頑張って大学に行かせてくれた。普通だったら、とても大学まで行ける家ではなかったのに行かせてくれた。ありがたいな」っていう気持ちが、高収入のサラリーマンになって、親の老後の面倒を見る。こういうもんだったでしょう?

だけど今はさ、教育もタダにするところはタダにしてるしさ。金を出して、大学を出したとしても、あとはそれで結婚《けっこん》したら、「はい、さよなら」にたいていなるしさ。

もう、結婚さえもしない時代になりつつあるじゃないか。面倒くさいからさ。「結婚して離婚《りこん》して訴訟《そしょう》されて、財産を取られるだけじゃたまらねえ」と。再婚のときに貧乏になるとか、そういうことで結婚さえしない。だから、そういうふうに男女の関係は、結婚を必要としない時代に来てるじゃない。

だから、みんなが社会保障のおかげで、責任感がすごく薄《うす》くなってるんだよな。責任感とか、自助努力のところが薄くなって、「誰かが、いつか、どうにかしてくれる」と思ってる。年金なんかもそんなところがあるわな。「どうにかしてくれる」と思ってたところがあったよな。

それで、役人は役人で、「どうにかなる」と思ってた。自分が在任中さえ安全であればよかったわけで、「年金が全部蒸発しとった」っていうのは、あんなのは、「もう知ったことか」ということだよな。後代に、全部残してしもうたよな。

だけど、私はそんなええことばっかりは、いつまでも続かないと思うし、基本はやっぱり、自分と自分の家族、親族あたりで助け合うところに、もう一回戻《もど》らなきゃいけない。

まだ乞食が街角にいっぱい立ってない状況から見たら、そんなに心配するほどのもんではないんじゃないかなとは思うけどね。

外交や軍事の「善悪の基準」が変わってきている

吉井　こうした社会保障の状況も長くは続かないと思うのですが、ある程度、満ち足りてしまっているところもあるように思います。

田中角栄先生だったら、どのようなかたちで、これを国民にお伝えし、社会保障の政策について、新しい方向に舵《かじ》を切っていくために説得されますでしょうか。

田中角栄　だからさ、アメリカなんか、確か国防費が六十兆円ぐらいあるのと違うか？

日本のいわゆる一般歳入《いっぱんさいにゅう》にかなり近いぐらいの額だよな。五十数兆なんだろ、日本の歳入ってな。国債《こくさい》を除けばな、こんなもんになるから。日本の一般の税収と同じぐらいを、国防費に使ってるだろう。

軍事的に見りゃ、もう全然敵《かな》わないレベルだわな。ナンバーワンには絶対なれな

田中角栄　あの世からの「金言」⑥

みんなが社会保障のおかげで、
責任感がすごく薄《うす》くなってるんだよな。
責任感とか、自助努力のところが薄くなって、
「誰かが、いつか、どうにかしてくれる」と
思ってる。年金なんかもそんなところがあるわな。
だけど、私はそんなええことばっかりは、
いつまでも続かないと思う。

いっていう。ナンバーワンになろうとしたら叩《たた》き潰されるからさ、絶対になれないんだろう？

それで、〝永遠のナンバーツー〟を目指してたところが、ナンバースリーの中国に抜《ぬ》かれてしまうたということだよな。

だから、今、中国とアメリカが、これから「ガチンコ勝負に入る」っていうことだろう？

わしがこんなこと言うたら……、君ら（質問者たち）が亡霊《ぼうれい》（田中角栄）に負けるっていうのはかわいそうだから、あんまり言いたかないけどさ。アメリカが空母を出してもさ、中国の軍艦《ぐんかん》がいっぱい取り囲むとかいうような時代が来てるわけでしょう？　米韓《べいかん》が軍事演習をやったら、北朝鮮《きたちょうせん》が核《かく》装備して、「撃《う》ち込《こ》むぞ」っていうようなことを言ったりしてる時代なんだろう？　わしらの時代にはちょっと考えられんような事態だわなあ。

こんななかで、日本は、そういう「外交」や「軍事」には音痴《おんち》のままで漂流《ひょうりゅう》して、いまだに戦後の経済成長みたいなのばかり求めてるような状況なんじゃないかな。

やっぱり、ちょっとわしらのころとは違ってるんじゃないかね。「善悪の基準」が、だいぶ変わってきたんじゃないかな、少なくとも政治においてはな。どうするのかは、日本国民自身が決めないかんわな。

いまだに、沖縄《おきなわ》も反対運動をいっぱいやってるけど、沖縄の返還《へんかん》を勝ち取るのも、けっこう大変だったんだけどな。「米軍基地も出ていけ」って言ってるけど。

もし、「日本が主体的に自主外交し、自主防衛して、独立国家として十分に日本の経済も護《まも》れるし、世界の模範《もはん》であるからそれでいいんだ」というところまで考えが来とるんなら、それでもいいけどさ。何か、

2016年3月5日、米韓合同軍事演習に向けて南シナ海の東部を航行中だったアメリカ軍艦隊が多数の中国軍艦船に包囲されたことを香港メディアが報じた。取り囲まれたのは空母ジョン・C・ステニス（写真）や駆逐艦、巡洋艦で構成された艦隊。

いろんなところがチグハグなんじゃないかね。そんな感じはするけど。

至れり尽《つ》くせりの世の中で日本人は何を悩《なや》むのか

吉井　このチグハグな状況で、もし、田中角栄先生が総理をされる場合、どんな日本を目指されるでしょうか。新しい状況になっているなかで、「示すべきビジョン」がありましたら、お伺いしたいと思います。

田中角栄　いやあ、それは、わしから見たら〝未来人〟である君たちから、やっぱり提示してもらわないと。今はもう安らかな世界で、涅槃《ねはん》に入《い》っとるでなあ（会場笑）。そういう煩《わずら》わしい世界に戻りたいとは、決して思うてはいないんだけどな。

高度成長の時代は、ある意味では懐《なつ》かしい、いい時代だったよ。私らの時代はね、家族で、すき焼きをつつけるなんていうことが夢だったわけでね。そんな夢と君らの夢は、だいぶ違うんじゃないか？　「家族でコタツを囲んで、すき焼きを食べたいなあ」「月に一回ぐらいは、すき焼きを食えたらいいなあ」っていう、そんな時代のなかを駆《か》け抜けておったんでな。

君たちは、そんなもんじゃないでしょ？　すき焼きなんか食べたら、あれだろう？「血圧が上がる」だとか、「病院に行く回数が増える」だとか、そんなことを悩《なや》んでる時代なんだろ？　だから、ちょっと違うんじゃないかな。

だから、もうだいぶ違ってきてるわな。それで、世界一の長寿国《ちょうじゅこく》になったんだろう？　経済的にはトップではないのかもしらんけども、ある程度、暖衣飽食《だんいほうしょく》ができて、家があってなあ。津波《つなみ》に遭《あ》っても、みんな国が住宅を建ててくれてさ。仮設住宅かなんか知らんけど、長いこと住めてね、転居もして。もう至れり尽くせりだな、ほんとにね。

昔は、津波が来たらそのまままさらわれて、それで終わりよ。なーんにもないですよ。それで終わりですよ。そんなの、しょっちゅう来てたよ、津波なんかな。地震《じしん》で死ぬ人もいっぱいいいたよ。なーんにもないですよ。終わりですよ。空襲《くうしゅう》を受けて死んだのと一緒《いっしょ》よ。

今は全部、手厚くやってくれて、政府の動きが遅《おそ》かったら批判されるでしょ、マスコミから。もう至れり尽くせりよ。

だから、天国は「この世」にあって、「あの世」は地獄《じごく》よ。ねえ？　これ以上、何を欲《ほっ》するの？　あとは、あるのは、「失うことの恐怖《きょうふ》」だけだろ？

吉井　うーん。

5　満ち足りた日本人に待ち受ける「三つの選択《せんたく》」

満ち足りた世の中で、幸福実現党はどう見られているのか

田中角栄　（坂本《さかもと》に）ちょっと何か言ったらどうだ？　あんた、目大きいなあ。

坂本　（笑）ありがとうございます。ＨＳ政経塾《せいけいじゅく》六期生の坂本麻貴《まき》と言います。よろしくお願いします。

田中角栄　うん。

坂本　本日は、本当にありがとうございます。

私は、去年（二〇一五年）の地方選に出させていただいたのですけれども。

田中角栄　ああ、そう。

坂本　はい。「残念ながら……」というところではあるんですけれども。

田中角栄　当選しろよ、当選。ちゃんと。

坂本　はい、すみません（苦笑）。

そのとき、さまざまな方にお会いしたのですが、幸福実現党の魅力《みりょく》を伝え切るところまで行けなかったりすることがありました。

田中角栄　うーん。

坂本　結局、意見の違《ちが》う人、左派政党の方であっても右派の方であっても、根底には「幸せになりたい」という思いがあって、それは時代が変わってもずっとあり続けるものだと思うんです。

田中角栄先生だったら、そういう意見の違う人に対して、どう魅力を伝え、票につなげていくのでしょうか。何かコツなどがありましたら、教えていただけたら幸いでございます。

田中角栄　「坂の上の雲」が終わって、もう「峠《とうげ》の上」まで来ちゃったんだよ。

今、「左派」とか言ったけど、左翼《さよく》とか右翼とか言ってる、その考え方は、もう違ったんだよ。左翼と言われてる勢力が、実は〝保守〟なんだよ。「戦後の保守」なんだよ、これが。で、安倍《あべ》政権がやってることが、実は左翼なんだよ。引っ繰《く》り返ったんだよ。

だから、共産党なんかが、今、保守党なんだよ。「戦後体制を護《まも》れ」って一生懸《いっしょうけん》命《めい》言ってんでしょ？「憲法九条護れ」「憲法を、一字一句いじるなかれ」って。このままでずっといって、天皇制まで認めたんでしょ？あれ、保守政党ですよ。安倍さんのほうが、左翼ですよ。もう、共産主義を目指して、日本を中国みたいな国にしようと一生懸命してるんだ。もう、あっちが左翼だ。引っ繰り返ってんだ。だから、説得っていったってさ、みんなが何を説得されてんだか、さっぱり分からないんじゃないか？

もうね、経済的には満足して、世界一の長寿《ちょうじゅ》が達成できて、みんな、三分の二ぐらい家があってな。で、飢《う》え死にする人はいないし、識字《しきじ》率は高いし、高校までタダで行かしてくれるというし。もう、親孝行はせんでもいい時代になってさあ。結《けっ》婚《こん》しなくても、なんか楽々生活できて、エンジョイできる時代に入って。職業なんて、「どっかに就職しなきゃ一生食べていけなかった」というのから、「辞《や》めても、どうにかなるさ」っていう時代でしょ？ブラブラしてても、どうにかなって、また、ほかのに就《つ》いて生きていけるし、お金がなかったら国が援助《えんじょ》してくれたりするんだろ？

もう、だいたい満ち足りてんのよ。だから、君らが強硬《きょうこう》な意見を言ったってさ、何のために言うてんのか分からない。君らがさ、共産党の革命運動みたいな、昔の〝原始革命運動〟みたいなのをやってるようにしか、逆に見えないわけよ。

「今、こんないい社会があるのに、何をいじって壊《こわ》そうとしてるんですか。積み木みたいにいっぱい積み上がったやつを、どこから崩《くず》そうとしてるんですか。何がご不満で、それを壊そうとしてるんですか。もう、この社会でいいんです」と、そう思ってるのよ、たいていの人はな。

もっと言うんだったら、「あとは、援助を積み上げるぐらいしかない」っていうことでしょ？　社会保障と言ってもいいし、何と言ってもいいけどさ。共産主義の理想を達成するために、現在の保守党が金持ちから金を取り上げて、相続税を取り上げて、一生懸命、税金を巻き上げて、下に撒《ま》いてくれてるんだろ？

だから、もう終わったんだよ。「マルクス主義が完成した」んだよ、日本では。もう、することはない。

日本の未来に予想される「三択《さんたく》」

吉井　でも、このまま行ってしまいますと、「日本がもたない」という状況《じょうきょう》はあるとは思うんですよね。

田中角栄　いや、もたないということはないですよ。だから、世界三位から世界五位、十位、二十位、三十位。ほんの一世代前は、そうだったんだから。ちょっと前は、そうだったんだよね。そこに戻《もど》るだけだろ？

朝鮮《ちょうせん》戦争が一九五〇年から起きたけどさ、今、朝鮮半島で有事が起きて、あの時代に戻ろうとしてんだよ、一生懸命ね。朝鮮半島で有事が起きたら、日本はあの時代まで戻っていくんだろ？　もう北朝鮮にも勝てないんだろ？　韓国《かんこく》にも勝てないんだろ？　アメリカには当然勝てないけど、中国にも勝てないよね。台湾《たいわん》にも、もう勝てない時代に入ろうとしてる。もし、フィリピンとかベトナムとかが、中国に対抗《たいこう》する手段を持ち始めたら、フィリピンやベトナムにも勝てなくなる。そういう時代になろうとしてる。

だから、また、世界何十位かの国に戻っていこうとしてるんだろ？　「ずるずる下がっていくけど、これでいいんか」って聞いてるだけにしか、わしには聞こえんな。

吉井　でも、「ずるずる下がっていくこと」が、本当に日本国民のみなさんが望んでいることでもないとは思うんですよね。

田中角栄　いや、そんなこと考えてもないでしょ。考えてないんじゃない？

吉井　確かに、そこに、うまく気づいていただけるようなことをしていく必要はあると思うんです。

田中角栄先生は、選挙にすごく強くて、本当に無敵な状況であられたと思うんですが、「いかに、そこを気づいていただけるか」、伝え方、接し方、このあたりのところで何かヒントを頂けるとありがたいんですけれども。

田中角栄　今ねえ、政治は、「金のバラマキ」しかやってないんですよ、基本的にはな。だから、厚く金をばら撒《ま》いてくれる政党が、ありがたい政党なわけね。だけど、金をばら撒くには金をつくらないかん。それを、安易に税金で取ろうとしてると、だんだん消費が落ち込《こ》んで、今、厳しいんだろ?

経済構造が、輸出立国から全然変わった。私らのころは輸出立国の時代だったからさ。それで、日米摩擦《まさつ》と戦う時代だったけど。今は、そうじゃなくなって、もう、内需《ないじゅ》を活発化しないといけない。そういう内需主導型の時代に来てるけど、それがうまく回らんでいるっていうことやろな。
極端《きょくたん》に言や、このまま行きゃあ、「中国における台湾」みたいになるか、「アメリカのハワイの次の州」になるか、どっちかしかない。あるいは、「ハリネズミみたいになって、この国を護《まも》り通す」か。その三つぐらいしか、三択《さんたく》しかないのと違うかね。

吉井　そうですね。ただ、私たちとしては、日本には可能性がありますので、ずっと下がっていくのではなくて、上がっていけるというところを示して、共感していただきたいと思っています。

田中角栄　いや、君ら、一生懸命英語の勉強しとるそうだからさ。こらあ、総裁が恩情で、アメリカの五十一州目の州になったときに生き残れるように、今やってくれとるのと違うかな。

今のままじゃ、日本国憲法も改正できんしさ、憲法九条は当然変わらないし、核《かく》武装もようせんだろうから、北朝鮮にも負ける国になるだろうよ。もう間もなくな。もう間もなく、北朝鮮に負ける国になるだろう。どうなったらええかって、ハワイの次の州に入れてもらって、アメリカに編入してもらえば護れるから。たぶん、そうなるからさあ。

だから、「みんなで英語の達人になろう」っていうことで、「『黒帯英語』（宗教法人幸福の科学刊）なるものを日本全国で勉強し始めたら幸福になれるよ」と、そういうふうになるんじゃないのか？

吉井　そうなってしまうと、日本としての主体性はなくなってしまうと……。

田中角栄　いや、日本語を捨てたらええんだよ。私は、英語はできんけど。今、やる必要もないから。

吉井　ただ、田中角栄先生は、当時、高度経済成長期のところで、日本を発展させていった方です。やはり、「日本は、このままじゃいけない」と思っていらっしゃるとは思うんですけれども。

田中角栄　だけど、（日本は）〝ナンバーツー〟からあとのビジョンは、つくれなかったんだろ、基本的にな。

だから、あとは軍事大国化して、「世界の警察官」みたいなのをやらないかん時代ですよ。

でも、今の日本人で、「侍《さむらい》だあ！」言うて、日本刀で斬《き》り込むみたいなのをやりたいかっていったら、もうやりたくないんだろ？

世界の紛争《ふんそう》に、どんどん突入《とつにゅう》していって、若い者を送っていく時代は、君たちの今の時代より、いい時代なのかい？　どうなのかい？　それだろ？　それが今、争点なんじゃないのか？　反核・平和勢力とかいうのは、それが嫌《いや》だって言ってるんだろ？「イスラム国に行って、日本刀でもって斬り込むのは嫌だ」って言ってるんだろ？
　そういうことなんじゃないの？

吉井　うーん。

田中角栄　ギリシャが、国が潰《つぶ》れるからというても、「ギリシャに出稼《でかせ》ぎして、ギリシャ発展のために汗《あせ》を流すのは、しんどいわ。ギリシャ語を覚えられんから行きたくない」と。こういう人たちばっかりなんじゃないの？

6　田中角栄なら、今の日本の財政赤字をどう解決するか

田中角栄が今の世の中に生まれたら何をするか

吉井　しかし、何とかこの状況《じょうきょう》を、日本の国民のみなさまにもちゃんとお伝えしていくような、そういった政治家人材や企業家《きぎょうか》人材が必要になってくると思うんです。このＨＳ政経塾《せいけいじゅく》は、政治家、もしくは企業家を目指すところではあるんですけれども、今、田中角栄先生が、もしＨＳ政経塾に入られたら、どんなことを……。

田中角栄　いや、入らない！（会場笑）

吉井　入らない（苦笑）。

田中角栄　うん、入らない。入らないね。入らないで会社を創《つく》る！

吉井　会社を創るんですか。

田中角栄　やっぱり自分で会社を創って、まずは金持ちにならないと駄目《だめ》よ。お金をつくらないと、政治なんかできやしないや。

吉井　はい。

田中角栄　だから、金儲《かねもう》けできなきゃ。

君らねえ、政治家を目指そうが、財界人を目指そうが一緒《いっしょ》だけど、同じ時代に生きて、同じような客観的環境《かんきょう》下で、同じ条件を与《あた》えられて、そのなかで一人抜《ぬ》け出して金儲けできないと、基本的に何やっても成功はしないんじゃないですか。そら、政治でなくても、たぶん一緒なんじゃないですかね。経済もそうですし、スポーツでもそうだよ。スポーツだろうが、歌手だろうが、タレントだろうが、みんな金儲けうまいよね？　一流になるとな。

現在は、お金のところで換算《かんさん》されてるからさ。だから、君らのやることに、何て言うのかな、うーん、「収益性」がなかったら続かないわな、仕事としてな。

日本の政治もそうなんだよ。「政治に利益の概念《がいねん》がない」からさ。ばら撒《ま》くことばっかりやって、だいたい民間が手を出せないような、利益のないところを政府や地方公共団体がやる。要するに、民間は利益がないことはできないからね。税金を使って、そういう嫌《いや》がることをやってた。

放射能の除染《じょせん》だとかいうのは、民間がやっても儲からないからね。だから、国や地方公共団体がやる。そんなようなもんだったんだろうけども、その影響《えいきょう》が大きくなりすぎたから、財政赤字になってるわけよ。

やっぱり、そうした国や地方公共団体がやる部分は少なくして、民間企業が利益を上げながら、そうした公共的な部門に、もうちょっと参入できるようにしていかないと。構造改革しなきゃ駄目なんでしょうなあ。
だから、政治家になる前に、公共部門で金を儲けられる方法を考えなきゃいけないんだよ。それが大事なんじゃないかな。

吉井　ありがとうございます。

困っている人の問題を解決できれば、お金は集まってくる

吉井　今、お金のつくり方というお話がありましたが、田中角栄先生は、人の心をつかむと同時に、お金を集めてくる力といいますか、そういうものに並外《なみはず》れたものがあったと思うんです。
人から支援《しえん》され、お金をご支援いただけるような人間になるためのポイントとい

田中角栄　あの世からの「金言」⑦

政治家を目指そうが、財界人を目指そうが一緒《いっしょ》だけど、同じ時代に生きて、同じような客観的環境《かんきょう》下で、同じ条件を与《あた》えられて、そのなかで一人抜《ぬ》け出して金儲《かねもう》けできないと、基本的に何やっても成功はしないんじゃないですか。

いますか、どういう心掛《こころが》けでもって生きていくべきなのかといったあたりを教えていただければと思います。

田中角栄　やっぱり、金儲けのもとはね、「問題解決」なんですよ。人が何か問題を抱《かか》えているとね、それを解決してくれる人がいたら、やっぱり「感謝」されるわけよ。感謝されると、それは何らかのかたちで、その感謝が「現実化」するわけよ。それは、物が来る場合もあれば、お金が来る場合もあるし、何か別のサービスがついてくることもある。そういうことだわな。

だから、そういう人が何で困るかっていうことに対して、解決する能力が君らにあるかどうかだ。自分らに問うてみたらいいよ。「よろしくお願いします」ばっかり言うとるんかもしらんけども、「何か困ったことはございますか?」って聞いて、向こうがそれを言ったときに解決できるかどうか、考えてみたらええ。できんかったら、票は入らんのだよ。うん。

吉井　うーん……。

田中角栄　できんかったら、会社を創っても、それは儲からないんだよ。うーん。だから、人が困ってることを解決できる。どんなことで、今、困ってるか。

君は「理想論」をずいぶん述べてるけどさ、「どうすべきか」ばっかり言ってるけど、政経塾生も、「何で困ってますか」っていうのを、もうちょっと聞いて回ったらいかがですか?

で、困ってることを、どうしたら解決できるのか考えて、案がなかったら、最後は税金バラマキしかないのよ。ね? 最後は、天から金を降らす、もうヘリコプターみたいに上からばらばら撒くしか方法がなくなる。金で最後は片をつける。これが最後だわな。うーん。だから、その前の段階でできることはないのかどうか。

田中角栄　あの世からの「金言」⑧

やっぱり、金儲けのもとはね、「問題解決」なんですよ。人が何か問題を抱《かか》えているとね、それを解決してくれる人がいたら、やっぱり「感謝」されるわけよ。感謝されると、それは何らかのかたちで、その感謝が「現実化」するわけよ。

多大な税金を吸い込《こ》む省庁などの無駄《むだ》を見直すべき

田中角栄　病院で医療費《いりょうひ》がずいぶん増大して大変だと言うが、病院の非効率なところをもうちょっと直せないかどうか、やっぱり、考える必要もあるわな。本当は無駄《むだ》なところがそうとうあるのを、みんな知ってはいる。みんなそうとう知ってる。知ってるけど、聖域《せいいき》みたいになって、手が入れられない。

学校だって、実は、非効率なところはそうとうある。だけど、聖域になってて、メスが入れられないでいる。しかし、限りなく税金を吸い込《こ》んでいってるよな？学校だけでいけるなら、塾がなんであんなに流行《はや》るんだよ、な？金払《はら》ってまで学校へ行って、もらうのは学歴だけでしょ？文科省が認定する学歴だけもらえる。わしも欲《ほ》しかったけどな。だけど、学歴なくても総理大臣にはなれるんよ。だからね、文科省があるがために多大な税金が必要なこともありえるわけだよな。小・中・高で塾に通わなきゃいけないし、都会だったら、おそらくもう七十パー、八十パーは塾に行ってるでしょ？　もし、塾が要《い》るっていうんだったら、もう、これ、学校を見直ししなきゃいけないよな？　戦後は学校があること自体がすごかったことだったけども、塾に行かなきゃいけないんだったら、学校そのものを見直さなきゃいけない。学校の「土地」と「建物」と、それと先生の「人件費」、その他。一日の拘束《こうそく》時間の長さ、これはそうとうなもんですからね。〝託児所《たくじしょ》〟以外の機能があるのかどうか、やっぱり、見なきゃいかんでしょうな。

もし、教育機能がまったくゼロだったら、そりゃあね、中卒で働いたほうがいいよ。いや、小卒でも体は大人だわ、もうね。小学校六年になったら、身長百六十ぐらいあるの、いっぱいいるじゃない、ゴロゴロ。あれ、働けるよ、もう十分にね。だからね、昼間だって、学校で、なんにも勉強になってないんだったらね、遊びに行ってるんだったらね、働いたらいいんよ。

体使う、動かしたい？　そら、あんた、土方《どかた》やったらいいのよ。体が鍛《きた》えられるよ。もう、筋肉隆々《りゅうりゅう》になるよな。昼間、土方をして、夜、塾に行ったらいいんだ。

それだったらね。
やっぱり、考え方を変えないといかんのじゃないかな。
そら、文科省のあり方も、問題はあると思うし、そういう、厚生……、今は何て言うのか、え？

吉井　厚生労働省です。

田中角栄　労働省か？　厚生労働省のあり方も、ちょっと考えないといかん。文科省、厚生労働省は要るのかどうか問題だ。

役人や職業政治家の発想には「利益」の概念《がいねん》がまったくない

田中角栄　財務省とか、あんなの、国税庁と一緒になってやってるかもしらんけど、「マイナンバー制」とか言うてるのは、（私のような）〝亡霊《ぼうれい》〟にはよう分からんけどね、ナンバーつけてくれないから、私には分からんけども。

「そのマイナンバー制を入れたら、財務省と国税庁の職員を何人減らせるんですか?」っていう質問をして、「半分になります」と言うんだったら、「ああ、それは入れたほうがいいですね」と。でも、「マイナンバー制を入れたら、もちろん、専門要員が二割ぐらい増えます」とか言うんだったら、「そら、入れないほうがいいですね」と。「それでまた、職員が増えるんで、コンピュータをいっぱい入れなきゃいけない」とか言うんだったら、コンピュータ会社を稼《かせ》がせてるだけだからね。そらあ、ちょっと間違《まちが》ってるわな。

「それを入れたら、事務効率がよくなって、職員が何分の一になるんです」って言うんだったら、そら、入れたほうがいい。

吉井　うーん。

田中角栄　それのために人がまた要って、「役所が要る」とか、「マイナンバー庁をつくる」とか言うんだったら、もう、これは反対だね。おかしいわ。

やっぱり、そらね、役所が〝遊んどる〟んだよ、うん。自分たちのための仕事をつくっているという、屋上屋《おくじょうおく》を重ねてるんだな。そういうことを言わないといかん。

吉井　うーん。

田中角栄　消費者庁とかね、徳島県《とくしま》に行くんだって？　なんか喜んどるらしいから、あんま言っちゃいけないけど、「徳島県で消費者庁」って、何をするわけ？　え？　徳島ワカメの消費？（会場笑）　え？　タイが獲《と》れてるかどうか？　スダチの売上？　何を調べに行くわけ？　全国に出張するわけ？　え？

だからさ、もうほんとに、役所のあり方がね。いや、彼ら、「利益」の概念《がいねん》がまったくないからね。経費をどこで落とすかだけしか考えてないわけ。「経費を落とせば、そこが潤《うるお》うと思う」と、そういう考え方なんだ。だけど、「それだったら、そもそも税金を取らないほうが、もっと潤うんですけど」っていうところ、やっぱり、忘れているな。

マスコミが騒《さわ》ぐとすぐに役所を増やす体質を見直せ

田中角栄　とにかく、マスコミもちょっと悪いのよ。何かあったら騒《さわ》ぐでしょ？　そうしたら「規制」する。原子力規制庁なんてのができたりするでしょ？　クレームが出たら消費者庁。何かあったら、すぐできるね。

2016年3月、徳島県北東部の山中に位置する人口約5千人の神山町に、消費者庁の移転を実験するための仮設オフィスが開かれた。同町には鉄道も空港もなく、徳島市街へ出るのに約1時間を要する。

吉井　そうかもしれないですね、はい。

田中角栄　今はもう、私もちょっと分からないから、経済関係も、いっぱい変な役所が……。何か、「復興庁」があって？　地方を振興《しんこう》させる何かもあって？　「経済産業省」があって、さらに、「経済再生担当大臣」があって？

吉井　ああ、はい。

田中角栄　え？　「経済企画庁」もまだあるのか？　ないのか？　それはないのか？　なくなったのか？

吉井　現在は内閣府の下に入っています。

●**現在は内閣府の下に……**　2001年、中央省庁再編によって内閣府が発足。それに伴い、経済企画庁の行政事務は、内閣府政策統括官や内閣府国民生活局などに移行された。

田中角栄　ええ、何か知らんけど、もうとにかく、いっぱいいっぱいできてきて、これ、何の仕事をしてるの？

それで、「一億総活性化大臣（一億総活躍《かつやく》担当大臣）」？

吉井　はいはい。

田中角栄　こんなの、何するわけ？（会場笑）

じゃあ、総理大臣は要らないじゃない？　何するの、これ。

とにかくねえ、こう、「目に見えるような組織を何かつくって人を置いたら、仕事をしているように見える」っていうの？　これはね、そういう、「金儲けしたことがない人の発想」なんですよ。

だから、「役人の発想」と「職業政治家でずうっとやった人の発想」は、基本的に、無駄が分からない、金儲けにならないのが分からない。こういうところがいっぱいあるわけで。

これは、やっぱり、財政赤字で苦しんでもらわないと、もう、駄目でしょうね。これ、黒字だったら大変なことになるよ。どんどん使っていくからね。

うーん、学校だってさ、貧しい人たちには無料にしても別にいいと思うよ、私はね。生活保護を受けるレベルだったら、無料にしてもいいけど、金払える人、いっぱいいるじゃない。ね？　そんなの、小学校も中学校も高校も払ってもらったらええじゃない、払える人はね。払えないところを免除《めんじょ》してやったらいいんだよ。あとは、あるいは社会に出てから、奨学金《しょうがくきん》で返すスタイルもあるとは思うけどね。だから、何でもかんでもタダにすりゃあいいっていうもんではないでしょう。

明治につくった義務教育の考えは、もう、古いんじゃないの？　そんな、タダにしてさ、要するに、「塾に行く金が必要でしょうから、学校はタダにします」みたいな、これ、何かおかしいと思わんか？　何かおかしいよ、これな。絶対おかしいよな。

だから、ちょっと考え方を、整理していかないといかんのじゃないかね。

私は、やっぱり、役所も多少は〝倒産《とうさん》〟すべきだと思うな。統廃合《とうはいごう》して、よくしたように見せたんだろうけど、なんだかんだ、結局、また増えてきてるようには見えるけどね。うーん。

吉井　ありがとうございます。問題解決をする切り口から、非常に実践《じっせん》的な政策のヒントを頂いたと思います。

田中角栄　あの世からの「金言」⑨

明治につくった義務教育の考えは、もう、古いんじゃないの？　そんな、タダにしてさ、要するに、「塾に行く金が必要でしょうから、学校はタダにします」みたいな、これ、何かおかしいと思わんか？

7　田中角栄が語る「政治家への道」

昼間は人と会って話を聞き、夜は睡眠《すいみん》時間を削《けず》って勉強せよ

吉井　今のお話で思い出されるのが、ご生前の田中角栄先生の議員立法がものすごい数で……。

田中角栄　ああ、そらあそうだよ。

吉井　これから政治家を志す人間として、今のような、問題解決をして、世の中に役立ち、財政赤字をつくらないで、本当に日本が豊かになるような政策立案をできる人間となるために、どのような心構えを持ち、アンテナを立てて勉強していった

らよろしいでしょうか。

田中角栄　うーん……。君らはさ、どっちかになるわけよ。こう、「人と会うタイプ」だったら、営業みたいに一生懸命《いっしょうけんめい》やればいいって思うだろ？　勉強すると「学究肌《がっきゅうはだ》」になって、人と会わないで本を相手にしてるだろ？　だけどね、どっちかじゃ駄目《だめ》なのよ。両方ややらなきゃいけないのよ。実は、一日二十四時間しか持ってないからね。これを両立させる方法を編み出さないといかんわけよ。

政治家はね、昼間は、やっぱり、なるべく人と会わなきゃいけないんだよな。昼間はね、勉強会もあるけどね、政治家同士、会うのもあるけど、財界人と会うのもあるし、一般《いっぱん》のところを訪問するのもあるし、人となるべく会って話を聞いて、やるべき自分の政策なり法案なりの種になる部分？　必要なものを耳から吸収して歩かなきゃいけないわけよ。

これは、先ほど言った問題解決の部分。政治家の最終の仕事は、やっぱり、「問題解決」なんでね。「何の問題を解決しなきゃいけないか」というニーズがあるのかは、これは、人と会って訊《き》かないと分かりません。だから、会わなきゃいけないんです。だけど、会うと勉強する時間がなくなる。これは君らの苦しみね？

頭のよし悪《あ》しもあるんだろうけども、わし程度の頭だったら、夜中の二時までは勉強しなきゃ駄目なわけよ。昼間は人と会ってるんだからさ、勉強できるのは夜中しかない、夜しかないんだから、ね？　もう、電話かかってこない時間帯から、あと勉強だよな？　夜中の二時まで勉強する。うん。

それで、四時間睡眠《すいみん》で、朝からまた起き上がって、ね？　今だったら、朝起きて、ジョギングするか、体操するか、何かしなきゃいけないかもしらんけれども、それをしながら、今なら耳に何かイヤホンみたいなものを掛《か》けて、英会話でも聴《き》きながら、もう、やるしかないんじゃないの？　そんなんでもやって、それから、どっかへ出かけていって、何かするんだろう？

田中角栄　あの世からの「金言」⑩

君らはさ、どっちかになるわけよ。こう、「人と会うタイプ」だったら、営業みたいに一生懸命《いっしょうけんめい》やればいいって思うだろ？ 勉強すると「学究肌《がっきゅうはだ》」になって、人と会わないで本を相手にしてるだろ？ だけどね、どっちかじゃ駄目なのよ。両方やらなきゃいけないのよ。

とにかく、「勉強」と「運動」と「人と会う」のを、全部両立させないといかん。わしなんか、〝学校出〟でないからさあ、法律なんかだって、全部自分で勉強したわけよ。だけど、司法試験だって、司法試験浪人《ろうにん》みたいなのがいっぱいいるようなわけだからさ。勉強のシステムは、ある意味ではできてるじゃない。ね？　本屋に行ったらさあ、勉強したらいい材料は全部揃《そろ》ってるじゃない？　六法と判例集と、その教科書を買ってきたら、あんた、勉強できるじゃない。

「今年は行政法をマスターしようか」とか、ね？　「来年は商法をマスターしよう」「会社法をマスターしようか」とか、あるいは、「半年で財政学もマスターしようか」と、そういう目標を自分で決めてだね、夜の時間帯で勉強するわけよ。財政学についての勉強をする。国会答弁ができるようにな。そういうのをやらないといかんし、政策の説明をするためにも、勉強はせないかん。

だけど、昼間は人が来たら、どんどん会ってあげて、問題を聞いてあげて、その場で解決できたりアドバイスできることはしてやらなきゃいけない。それで夜は勉強する。夜に勉強したことがもとになって、それが学問的な力になってだな、法案を書く力になってくるわけね。

だから、法案をつくるには、ニーズがあることを発見せないかんし、それを現実化するために学問的な勉強をせないかんわけだから、それは、わしだって独学で「法律」の勉強や「経済」の勉強をしたわけよ。

君らねえ、それが遅《おそ》いっていうんだったら、睡眠時間を削《けず》りなさいよ。ほかには方法はありませんよ、ええ。夜、勉強しなさいよ。みんながテレビを観《み》てる間に勉強するんですよ。

みんなが夜中に何をしてるか、よう知らんけどさ。夜は彼女と楽しまないといかんから、お台場《だいば》の夜景を見ながらワインなんか飲んで楽しまないといけないんかもしらんけどさ。そこをグッと堪《こら》えてね、昼間で済ましてしまって、夜は勉強するぐらいでいかないと、やっぱり駄目なわけよ。なあ？

彼女と、夜、長く付き合ってたんじゃ、もう勉強の時間はないよ。なあ？　ランチで我慢《がまん》してもらう。な？　一時間、ランチ。うん、お互《たが》い効率的でいいよな。ランチデート、一時間で終わり。もうこれがいいや。彼女が遠かったら、近くに来てもらえばいいわけよ。な？　近くに来てもろうて、すぐ会えるようにして、ランチデートで、はい、一時間で終わり。はい、勉強。このくらいしないとね。あんたら、夜、タラタラタラタラと付き合ってたら、君ねえ、それは勉強する暇《ひま》なんかありませんよ。そういうことです。

人との接触《せっしょく》面積を増やし、数多くの問題を即断即決《そくだんそっけつ》で解決せよ

田中角栄　あとは、「どれだけ人の問題を捌《さば》けるか」っていう問題はあるわね。私のところなんか、目白《めじろ》にはもう、バスでグワングワン来てたからさ、新潟《にいがた》から二百人規模のバスで。これ、全部、片付けたんだからね。秘書にも振《ふ》り分けて、やってはいたけど、判断で、「どうしましょうか？」ってきたら、やっぱり即断《そくだん》しなきゃいけない。それは、今はもうしなくなっとるだろう冠婚葬祭《かんこんそうさい》のレベルから、い

っぱいあるわけだからさ。

「葬式のところに誰《だれ》か送ってやらないといかん」とか、結婚式といったら、「祝電打っとけ！」って言わないといかんし、なあ？

「HS政経塾《せいけいじゅく》の部長の子が、今度、お受験なので、『一言《ひとこと》、声をかけてやってください』って言われてます」「うーん、どこを受けるんだ？」「御三家《ごさんけ》です」「御三家ってどこね？」「慶応幼稚舎《けいおうようちしゃ》と青学《あおがく》と学習院を受けるらしい」って。「そのトップに、全部、電話をつないでくれ」って言うて、こう、順番に、「この人、偉《えら》い人なんや。将来性のある人だ。その息子《むすこ》さんが青学を受けるらしいから、ひとつ、よろしく頼《たの》みますわ。ハハハハ」言うて、これ、三十秒で頼まないといかんわけよ。

実際にやってないで、「やった」って言ったら、嘘《うそ》だからね。やっぱり、やらないといかんわけよ。

「田中です」言うて。「ああ、お世話になっております」ってね。「今度、賢《かしこ》いのが行きますから。目がクリクリッとして、顔のかわいい子だと思いますよ。うん。

よろしくお願いしますね」って、（電話を）一本入れないといかんよ。「一本入れた」っていう確認を秘書に入れさせるわけよ（机を叩《たた》く）。「ちゃんと言っときましたよ」と。そしたら、受かるか落ちるかは本人の実力だから、こっちは知らないけども、しかし、「口は利《き》いといたよ」と言ったら、これ、確実に一票入るし、少なくとも家族の票は取れるわけよ。ね？

葬式でも、それは一緒《いっしょ》だよ。葬式なんちゃ、おいしいよ。もう、ほんと、何十人も集まってくるからね。そしたら、泣ける秘書を一人だけ雇《やと》っとけばいいわけよ。役者志望で、どうしても役者で食っていけない人を呼んできて、秘書にしとくわけよ。そして、「その場が来たら、タラタラタラッと泣くんだぞ」と。そんで、オンオンオンオン泣いてるから、「生前、ご友人だった方なのか」「いや、私は、〇〇先生の秘書をやっております」「こんなに泣いてくれてありがとう」みたいな感じ。もう、その〝泣き賃《ちん》〟で票が入るのよ。

やっぱりねえ、頑張《がんば》らないといかんわけよ。うん、うん。

君らは、ほんとは、〝覆面《ふくめん》〟をしてコンビニでなんか物を買っちゃ駄目なのよ。やっぱり、自分の選挙区に行って、一軒《いっけん》一軒、物を買って、ちゃんと「顔」も「名前」も覚えてもらわないといかんわけよな。それが大事なんだけど、もうちょっとまめにやらなきゃいかん。

だから、「即断即決」は必要十分条件っていうか、最低条件です。即断即決で、できるだけ数をこなして、多くの人と接触《せっしょく》面積を持ちながら、しかし、いつも問題を解決する方向に努力し続けると。

政治家も「会社経営的な能力」を持ち、官僚《かんりょう》のごまかしを見破れ

田中角栄　それから、「法案」とか「政策」の種を吸収しながら、必要なことについては勉強をずーっとやって、そして、自分でも法案を書けるぐらいの力を持つことがなぜ必要かというと、役人に自由にやられないためです。そうしないと、彼らの力を借りなかったら法案が書けない。彼らの力を借りなかったら情報が取れない。

国会答弁するのに、全部、役人頼みでもらって、向こうの質問も取り寄せて、役人に答えを書いてもらって読み上げてたら、彼らが「予算くれ」とか言ったって、こんなん、切れるわけがないですよ。彼らが「○○庁をつくりたい」と言ったら、「まあ、やめとけ」と言えないですよ。ね？

今だって、やっぱり、財務省の言うことをきかないといけないから、アベノミクスが失敗しようとしとるんだろう？ おそらくそうだと思うけど。だからね、彼らがいなくてもできるようにしとくことが、やっぱり、自分の自由をいちばん利かせることですよね。

それから、税金の話もあるけど、私なんか、税金の法案もいっぱいつくりましたからね。高速道路の税金って、あんなのもつくったほうだけどね。ほんとは、税金で（高速道路を）つくっといて、また税金を取ってるという二重取りなんだけども。国家の財政は、豊かにはなりましたわね。

今は税金が露骨《ろこつ》に出すぎるのは、あんまり〝あれ〟だったけども、日本には、いろんなかたちで税金に変わるものが、二重三重にあるからね。これ、もう一度、ちょっと整理し直す必要はあるかもしらんね。「国庫一本化の原則」っていうのは、あることはあるんだよ、ほんとはね。

本当は、「国家の収入部分がどれだけあるか」っていうのはだいたい分からないといけなくて、一般会計、特別会計と、いっぱいあって、いろんなところへ収入らしきものが入ってくるので。

これを役人のところで操作されて、自由にやられてるわけよ。どういうふうに使われてるか分からないのよ。何がどこに使われてるか分からないようになっていて、政治家には、そんなに簡単にね、一年生議員や二年生議員で分かるようにはなってないのよ。複雑に使われてるからね。

これを、「本当は、幾《いく》ら収入があって、何に使っているか」っていうのがクリアに見えなきゃいけないわけよ。

だけど、この判断には、やっぱり、会社経営的な能力がかなり必要です。これがないと、要するに、従業員にごまかされて分からないのと、ほとんど一緒ですよね。だから、そういうのは、自分ができないで人にお任せしたら駄目になるので、そういう会社経営的な能力を持ったほうがいいよ。

あんたのところ（ＨＳ政経塾）ね、「政治」と、「経済」「財界」っていうのを別に分けてるようですが、これ、別じゃないよ。一緒なんだよ。実は一緒なんだよ。財界人で優秀《ゆうしゅう》な人は、政治家をやってもできるんです。ええ。政治家で本当に優秀な人は、この財政のほうが分からなきゃ駄目なんですよ。

基本的には、家計の発展したものではあるんだけども、やっぱり、収入・支出をわしづかみして全体が見える目を持って、〝抜《ぬ》け穴〟をいっぱいつくられて操作されてる部分を見破らなければ駄目なんだ。

財務官僚《かんりょう》のこれが見破れないし、さらに今、内閣府が予算のところを見てるけど、内閣府なんかあったって、財務省の説明を聞かないかぎり、実際上、分かりゃしないから。ほとんどは、役人が局長ポストをいっぱいつくるためにできてるわけよ。

田中角栄 あの世からの「金言」⑪

国の収入を役人のところで操作されて、自由にやられてるわけよ。どういうふうに使われてるか分からないのよ。これを政治家は、「本当は、幾《いく》ら収入があって、何に使っているか」っていうのがクリアに見えなきゃいけないわけよ。だけど、この判断には、やっぱり、会社経営的な能力がかなり必要です。

だからね、もっともっと勉強しなきゃ駄目だ。勉強することはいっぱいある。勉強することはいっぱいあるけども、学者になっちゃ駄目で、やっぱり、実務的にそれを使わないといかんわけね。

やることはいっぱいある。「一日二十四時間を、四十八時間に伸《の》ばす」つもりで努力するしかないね。

どっちかしかしないっていう人は、絶対、落選だ。うん。

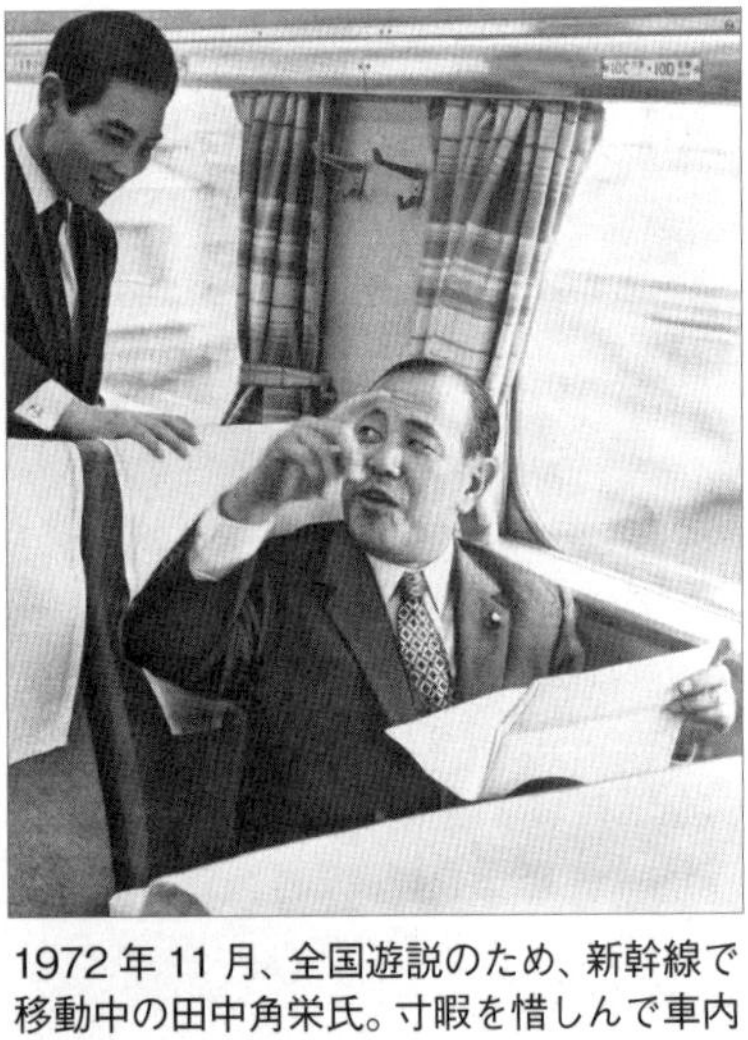

1972年11月、全国遊説のため、新幹線で移動中の田中角栄氏。寸暇を惜しんで車内でも精力的に情勢分析を行っていた。

8 「人を使える人間」へと成長していくための方法

人を使うには三十人ぐらいの会社を経営できる力が要《い》る

壹岐　すみません。

田中角栄　はい、どうぞ。

壹岐　ありがとうございます。

田中角栄　（壹岐《いき》を見て）おう、迫力《はくりょく》ある感じだなあ。何か、どっかで見たことがある人みたいな気が……。

壹岐　はい（笑）、ありがとうございます。

角栄先生、本日は貴重な機会を頂き、本当にありがとうございます。私は、今週でちょうどHS政経塾《せいけいじゅく》を卒塾いたします、第四期生の壹岐愛子《あいこ》と申します。

田中角栄　今週で卒塾……、ふん、ふん。

壹岐　今、神奈川《かながわ》県で政治活動をさせていただいています。

田中角栄　神奈川でね。うん、うん。

壹岐　はい。今、角栄先生から、個人としての努力の部分について、数多くの具体的な事例でお教えいただきました。私たち幸福実現党は、今年で立党七年目を迎《むか》えまして、組織として国政に勝つというところで、今、重要な岐路《きろ》に来ているかと思います。

田中角栄　うーん。

壹岐　私も今、神奈川の候補者として、一人で努力する部分ももちろんあるのですけども、やはり、自分の「分身づくり」がもっともっと必要でございまして、自分だけがお願いをするのではなく、自分以上に、「票を取りに行くぞ」という人をつくるための熱い情熱を、私が伝播《でんぱ》していかないといけないと思います。そこで、勝つ上において、その情熱をつくる中心部分として、角栄先生が意識されていたことを、ぜひ、ご伝授いただければと思います。

田中角栄　少なくともね、あなた自身に、三十人ぐらいの会社を経営できるだけの力は必要ですよ。

壹岐　はい。

田中角栄　三十人ぐらいの会社を経営できる力があれば、人が使えます。だけど、いわゆるサラリーマン的に、こう、給料をもらって、あてがわれた仕事をこなすタイプだったら、人は使えないですね。

やはり、政治家っていうのは、ある意味では「一国一城の主《あるじ》」なんですよ。だから、大きな組織のなかにあるとしても、自分自身のところで経営ができなきゃいかんわけですね。あんた自身、個人的な努力として、三十人ぐらいの会社は経営できるぐらいのノウハウっていうか、能力は磨《みが》かないと、絶対、人は使えません。

特に、年上の人なんかは、絶対に言うことをきかないと思います。「こいつ、バカだ」と思ったら、動いてはくれない。しかし、年下の人たちも、金はないし、何かと言い訳してはサボるので、言うことをきいてくれません。だから、大変ですね。

「何か、突出《とっしゅつ》した才能や〝売り物〟をつくれ」

田中角栄 （質問者の壹岐に）それで、見たところ、何か突出《とっしゅつ》した才能をお持ちでなければ、当選するのはかなり難しいタイプだと私には見えるので、何か、突出した才能や〝売り物〟をつくらなきゃいかんと思うね。

壹岐 はい。

田中角栄 あんたの〝売り物〟は何だね？

壹岐 今は、パワフルなところと……。

田中角栄　パワフル。うーん……。パワフルねえ。

壹岐　それとフットワークが軽いところです。

田中角栄　本当か？　本当に軽いかい？

壹岐　いやあ、そうですね……。エヘヘッ（笑）（会場笑）。

田中角栄　軽そうには見えんなあ。そんなに〝軽く〟ないんじゃないかな。

壹岐　はい。まだまだ努力できていない部分が多々ございます。

田中角栄　その外見から行くとね、もう少し、「庶民性《しょみん》」とか「親しみやすさ」みたいなのを強く出していったほうが受けるタイプだと思うね。

壹岐　庶民性。はい。

田中角栄　うん、それがいい感じだと思う。
　頼《たよ》りにされる政治家になるには「問題解決能力」が大切

田中角栄　あとは、やっぱり、話し方とか内容とかで、さっきも言ったけど、とにかく、ここ（HS政経塾）は、最初から「理想論」がよく出てくる傾《けい》向《こう》が強いよな。それは、宗教の影響《えいきょう》がかなりあるんだと思う。
　でも、本当は、「相手の問題を解決してあげることが政治家の仕事なんだ」と思って、「相手の立場に立って、親身に聞いてあげる」っていうところかなあ。そういうところがないと。「あの人は、よくやってくれる」っていう感じのところは要《い》るわな。

だから、その場ではできなくても、「もう一回来ます」と言って、聞くべきところを聞いて、お答えができないといかんわな。自分たちの考えだけを押《お》しつけても、それはなかなか通らない。

そういう意味で、幸福実現党でもいいんだけど、党名を変えれば、「問題解決党」でいいわけでね。

壹岐　はい。「問題解決党」ですね。

田中角栄　いろいろな問題について、全部、解決していく。それは、結局、ある意味では、「幸福の実現」になるんじゃないの？

先ほど、私は、反語的に何回も何回も言い返した。「もうみんな満ち足りてるんじゃないの？　もう行くところまで行ってるんじゃないの？　これ以上、何があるわけ？ 落ちていくのが怖《こわ》いだけなんじゃないの？」っていうように何度も言った。だから、「幸福」という餌《えさ》で釣《つ》ろうったって、もうある程度満足してて、そんなのに噛《か》みついてはこないのよ。

例えば、ワニだって餌を選ぶんだよな。ワニだってなあ。だから、「欲《ほ》しい餌、上等の肉なら食うけども、こんな安いカエル一匹《ぴき》じゃ食いつかんぞ」と言っとるわけでな。

だから、まずはね、「問題解決党」でなきゃいけないわけよ。

あんたがた候補者は、いろいろなところをただ回って、「お願いします」とか、「顔を覚えてください」って言うだけでは駄目《だめ》なのよ。そういうのはね、「投票は美人コンテストだ」と思ってるような人たちの考え方であってな。

それは、そういう人もいますよ（笑）。歌手とか、女優の美人さんで、大学を出てね、少し政策も言えるぐらいの人を出してきたら、「すぐマドンナ候補になって当選する」っていうことはあるかもしれない。そういう恵《めぐ》まれた方もいるかもしらんけども、普通《ふつう》はそうはならないからね。

そうではなくて、問題解決能力。やっぱり、早く丁寧《ていねい》にやっていくことができる人は、頼《たよ》りにされる。「頼りにされる人には、人はついてくる」からね。だから、それは大事だ。

お金を使うことができれば、人は簡単に動いてくれる

田中角栄　あなたは、「周りの人を子分みたいに使って、やりたい」って言うけど、そんな簡単にはいかないですよ。それをいちばん簡単にやろうとしたら、私のときに出て禁《きん》じ手《て》になった、「金を使うしかない」んですよ。お金を配《くば》ってやれば動いてもらえますよ。

だからね、五百万円ぐらい配れば、それは一年ぐらいはフル回転して、人は動いてくれますよ。百万円の札束《さつたば》を、五百万円ぐらい、ポンと渡《わた》したら、一年ぐらいはね、あなたの分身みたいに、秘書みたいには動いてくれますよ。

ただ、一年ですよ。二年目は動いてくれません。二年目はもう一回出さないと……。年末にもう一回出せば、もう一回、もう一年ぐらい動いてくれます。十人使おうとしたら、五千万ですよ。年に五千万。これ、「五千万を使える人」っていったら、どんな人ですか？　中小企業《きぎょう》で当てて、高収益で、自分の金を自在に使えるぐらいの人なら、それは五千万ぐらいなら使えるわな。十人だったら、一人五百万で、五千万だよな？

要するに、中小企業の社長として、五千万ぐらいの自由にできる金があれば、それは、そういう秘書みたいに、みんな使えるけども、なかなかそうはならないわね。

政治家の「利益誘導《ゆうどう》」は、実際上、便利なこともある

田中角栄　あとは、言葉一つで動かそうと思ったら、それはそれは大変なことにはなるわなあ。

だから、本当は、お金をつくることも大事なんだけど、そこまでなかなかいかな

いんだったら、政治家は、「利益誘導《ゆうどう》」っていう手を普通は使うわけだ。

「私が当選したあかつきには、ここに保育園をつくります」「ここに道路を入れます」「あの騒音《そうおん》を軽減してみせます」「雨が降ったら水たまりができる、この高速道路のこの窪《くぼ》みは直します」

お金がなければ、「お金を引いてくることができたら、できることを言う」っていうのが次の方法だね。これは「利益誘導」と言われるけども、ただ全部を否定できることではないんだ。そのなかには、実際上、便利なこともあるわな。

例えば、「騒音が大変だ」とかいうのもある。それは対策が立たないわけではない。できないことはないわな。そういう努力も、やってみたらいい。

あるいは、そういうのではなくて、近所の私《わたくし》の人同士の問題だったら、「隣《となり》の家のピアノがうるさくて、受験勉強ができません」とか、こういうのもあるわね。

それに対しては、その音を出してるところに行って、「窓を二重にすると聞こえなくなる」とか、「ヘッドホンをつけると聞こえなくなる」とか（笑）、あるいは、

「あそこは受験生がいるから、ちょっと、この時間帯は気をつけてあげてもらえるとうれしいんですけどね」みたいなことを口利《くちき》きしてあげただけでもええかも。直接言ったら喧嘩《けんか》になるから恐《おそ》ろしくて、きっと言わないんだろうからね。もし、ナイフを持って突撃《とつげき》されたら困るからね。怖いからね。

だから、「夜、大変なんだって。ボリュームを落とすなり、自分でヘッドホンをして聴《き》くなり、何かしてあげてもらえるとありがたいですね」という話を、ちょっと挟《はさ》み込《こ》んどいて、それで、「おたくは、何か困ってることはありませんか」って、そこに訊《き》いたりする。

「人に頼《たよ》られる人間」になれば、「人を使える人間」になれる

田中角栄　いちばん簡単なのは、私がやったことだけども、「現金で人の仕事量を買う」っていうのだね（笑）。これがいちばん簡単なんだけど、なかなか許されない時代にはなってきている。もう〝油が噴出《ふんしゅつ》する〟ような家でなければ、なかなか

……。それは、もう今ないのでね。

その時間もない。金を儲《もう》ける時間も今はないから、それだったら、次は「利益誘導」ということになるけれども、それが露骨《ろこつ》すぎるのはいけないかもしれない。だけど、小さなことでもいいから、何か……。例えば、話をしてあげたり、交渉《こうしょう》してあげたりするだけでも、解決する問題はある。

だから、それは、本来は「お金に相当する」もんだな。例えば、今言ったピアノ騒音でも、相手側が、「うちは騒音が出るんです。音楽家ですから出るんです」ということであれば、「月五万円ぐらいでも〝騒音手当《てあて》〟を出してくれたら我慢《がまん》できる」っていうところはあるかもしれないよね。だけど、その五万円を払《はら》わずに済ませる方法はないわけではない。それは、うまく調停すれば、そういうふうになるわな。

それから、「離婚《りこん》騒動で揉《も》めている」ところ、「親子で揉めている」ところ、「子供の就職先がなくて困っている」ところは、いっぱいあるわな。

あとは、病院だって、いろいろな病院があって、「ここの病院だったら、これがよく治る」とか、いろいろなところがあるわな。そういう「情報」をいろいろ持っていることも大事だな。そうした情報を案内してあげる、つないであげるだけでも、やっぱり効果はあるわな。

だから、お金がないんなら、ないなりに、それに相応する効果が出るようなことで、何かサービスできんかどうかを考えるようになる。そういう意味で、「問題解決能力」が高くなってくると、人は感心してくれるようになるし、尊敬してくれる人が増えてくれば、手伝ってくれる人は増えてくる。

宗教だから、本当はボランティアをやってくれる人はたくさんいる。けれども、それが動いていないというんであれば、「候補者になっている人たちが、それだけの尊敬は勝ち得ていない」ということだと私は思うね。

そのなかには、「本当に、政治家として向いているかどうか」をふるいにかけられてる部分もあるので、それは自分自身で悟《さと》らねばいかんし、「努力して磨かれて、一定のレベルまで行く場合」と、「本人が努力をすべきところに気がつかないで終わってしまう場合」と、両方あるのでね。

ただ、大多数は、「こういう努力が必要だ」ということに気がつかないままに、政治家候補になって消えていく人たちであるので、そこまでに何をすればいいか気がつく人は、ある程度の素質がある人ではあるわね。

そういうことで、現実にはお金があればいいんだけど、ない場合に、お金なくして人を動かすためには、やっぱり、あなたの頭のなかにある「知恵」を、口を通して出すことによって、いろいろな人たちに何らかのサービスを与《あた》える、付加価値を与えることが大事だ。

また、役所に苦情を言うぐらいだったら、例えば、そういう地方レベルの行政官庁等はいっぱいあるから、そういうところに苦情を言ったり、頼《たの》んだりするぐらいだったら、できないことはないわね。

それと、先ほど、「法律の勉強も要る」と言ったけど、そうした法律レベルだけではなくて、条例レベルとか、地方レベルのいろいろな規則があるから。それをよく勉強しておくと、どういうふうに解決したらいいかが分かることもあるからね。

そういうふうなかたちで、「人に頼《たよ》られる人間になる」ことが、逆の意味で、「人を使える人間になるんだ」っていうことだよねえ。そういうことを言っとかないかん。

やっぱり、あなた、何か〝武器〟は持ってなきゃいけないですよ。〝武器〟をつくらなきゃ。

壹岐　はい。

田中角栄　とにかく〝武器〟をつくらなきゃいけない。残念だが、〝武器〟をつくらないと壁《かべ》が厚いし。

田中角栄　あの世からの「金言」⑫

「人に頼られる人間になること」が、逆の意味で、「人を使える人間になるんだ」っていうことだよ。

9　田中角栄から幸福実現党へのアドバイス

「幸福実現党」には地味《じみ》なところも要《い》る

田中角栄　それと、「（幸福実現党は）保守政党だ」と言ってるけど、自民党があるからさあ。自民党はもう何十年もやってますから、「自民党ができんことを、これから出来る政党ができるか」っていうと、「民主党（現・民進党）より、もっと惨《みじ》めな結果になるんじゃないか」って、みんな恐《おそ》れてるわけよ。ね？

民主党だって、少なくとも、ある程度の年数はたってますからねえ。十数年か何かやったし、政権についたこともあるからね。そこが駄目《だめ》なんでしょう？　もう人気がなくて駄目なんだから。

だから、「自民党ができないことを、新進の政党がやってくれるか」っていうことについては、やっぱり信用がないわけよ。みんながそんなに推《お》してくれなかったり、広告してくれなかったり、宣伝してくれないのには、理由がないわけではないのでね。そうした、「これは任せておいたら、やってくれるんじゃないかな」っていう「信用性」が高まってくれば、もっと取り扱《あつか》ってくれるようになるから。その信用性だって、もともとは「候補者一人ひとりの動き」もあるからね。だから、厳しいよ。実際、厳しい。

でも、商売の世界でもそうでしょう。やっぱり、目抜《めぬ》き通りに店を出しても潰《つぶ》れるところはいっぱいあるでしょう？　だから、どんどん変わっていく。

政治家だって一緒《いっしょ》だよ。なりたい人はいっぱいいるけど、やっぱり淘汰《とうた》されていく。この厳しさのなかで人は選ばれていくので、生き残った人だけがよくなっていく。それでいいわけで。

もう「競争率が一・〇倍」っていうのは最悪なんでね。これは、政治家だったら、もう選びようがないわけですから（笑）。実際上、選べないのでね。

だから、「落ちる」ということは厳しいけど、それは「比較《ひかく》優位の人がいる」ということを意味してるから、「選ぶ権利がある」っていうことだよね。選べないんだったら、投票しても意味がないからね。その落ちる厳しさに、やっぱり耐《た》えないかんわなあ。

だけど、技術的に学べるものは学ばないといかんだろうとは思うんだよな。

要するに、この政党（幸福実現党）は、新しいわりには、「理想論」、「理念」を語ったり、あとは、広告代だとか、いろいろな、いわゆる「総力戦」に近い金の使い方をしすぎたりしているところが、「どうなんだろうねえ」と言われてるところは、かなりあるみたいだから、もう少し地味《じみ》なところは要《い》るわな。

例えば、失脚《しっきゃく》はしたけど、民主党の野田《のだ》首相みたいに、「駅前のNOVA《ノヴァ》と駅前の野田みたいな感じで、『英会話はNOVA、駅前で演説しているのは野田』とか言って、雨の日も風の日も、電車の駅の前でやっとった」っていうけど、総理になる人でも、それを二十年、三十年と、何十年もやっとったわけだからなあ。やっぱり、金がなかったら、そうせざるをえないわな。

だけど、どうせ、そんなに〝まめ〟には、みんなやってないでしょう？　それは、たぶんそうだと思うよ。どうも「必死さ」がちょっと足りないな。

壹岐　はい、分かりました。ありがとうございます。

田中角栄　「君らは、恵《めぐ》まれている。安倍《あべ》さんのまめさを見習え」

田中角栄　まだ、手が上がっとるわ。

吉井　では、最後の質問とさせていただきます。

和田　角栄先生、ありがとうございます。ＨＳ政経塾《せいけいじゅく》の卒塾生で三期生の和田みなと申します。

田中角栄　ああ。

和田　先ほどから、お話をお伺《うかが》いしていますと、「政治の道というのは本当に厳しいものだな」と感じます。

田中角栄　うん。

和田　「もう政治家になるのはつらいから、やめたほうがいい」と、先ほども言われていましたが、角栄先生の努力というのは、本当に素晴《すば》らしいものだったのだなと思います。

田中角栄　うーん。

和田　また、先ほどから、「ハングリーさや学歴へのコンプレックスがあった」というように、ご自身ではおっしゃっていましたけれども、「そこまでして、政治をやりたい」という熱い志《こころざし》というのは、どこから湧《わ》いてくるのでしょうか。
そうした、政治をやる魅力《みりょく》や、「それだけの努力をして、頭を下げてでもやらなければいけない」と思われた志のところについて、後《のち》の政経塾生のためにも、角栄先生から教えていただきたいと思います。

田中角栄　まあ、それは国民が判定することだから、私には分からんわ。

例えば、あんたと、ほかの政党の候補と、どっちが魅力的か、それは比べてみんと、やっぱり何とも言えんもんね。ほかの候補のほうがええ場合もあるからな。そしたら、「あっちがええ」って、やっぱり言ってしまうからさあ。

うーん、わしから見たら、君らは、やっぱり、「恵《めぐ》まれたエリート」のように見えるんだけどねえ。恵まれたエリートで、(松下《まつした》)幸之助《こうのすけ》さんが松下政経塾をつくったけど、あそこより恵まれてるんじゃないかなあ。

要するに、あそこは宗教組織のような組織はないからね。個人で、やらざるをえなかったから。

「ナショナルのブランドだけで政治を戦う」というのは、もっと異様《いよう》だよ。そう思わんか。今は、シャープはもう駄目かもしらんけど……。何でもいいけど、今生き残っとるブランドといったら、何があるかなあ。ソニーも危ないよな。今は、何かソニーも危ない。今、勢いのいいところは、あんまりないのかもしれんが……。

吉井　トヨタあたりでしょうか。

田中角栄　あっ、トヨタ？　ああ、「トヨタ党」っていうのがあるとして、回ったとしても、それは、日産《にっさん》(車)を買っとるところから、ホンダ(車)を買っとるところから、その他たくさん、外車もあるし、いろいろある。そういうところに行ったら、砂をかけられるのは一緒だね。塩を撒《ま》かれる。「それで、トヨタが何のご用で?」って、やっぱり、それでも言われると思うな。

だから、トヨタ社員もいれば、販売網《はんばいもう》もあるかもしらんけど、では選挙の応援《おうえん》に使えるかったら、それは、トヨタ本体のほうの信用がやや薄《うす》れてくると思うんだよな。「これは車を売りたいんか。それとも、選挙をやりたいんか」って言われると思うから、本業のほうがかなり傾《かたむ》いてくる可能性はあると思うな。

その意味では、宗教だって、政治のほうがあんまり下手《へた》だったら、それは本業に影響《えいきょう》が出るとは思うけれども、それでも、ほかのところに比べれば、まだ人間関係がつくりやすいので、有利な立場にはある。

ただ、「それでも、(票が)取れない」っていうのは、「まだ国民が今の政治に、完全に絶望しているわけではない」ということだし、まあ、まめはまめに、まだ動いとるわなあ。

　それは天皇陛下《へいか》もまめに回っとるけど、安倍《あべ》さんだって、まだ世界各地を回りながら、被災地《ひさいち》だの、いろいろなところをチョコチョコチョコと、まめによく回ってるよな。隙《すき》を見つけたら、ゴルフをやったり、体を鍛《きた》えたりはしとるけど、まめにチョコチョコと回ったりしている。やっぱり、その「まめさ」は見習わないといかんところだ。

　君らは、まだ、机の上で仕事をする気分が残ってるような気はするんだよなあ。だから、もし「いくらやっても、壁《かべ》が破れん」というんだったら、「必要がない」という結論だわな。やっぱり、壁が破れないのは「必要がない」ということなんで、「今ある政党のどちらかを選択《せんたく》したほうが、まだ有用だ」っていうことでしょう?

「創価学会《そうかがっかい》・公明党は、汗《あせ》を流して利益誘導《ゆうどう》をやっている」

田中角栄　公明党だって、「議席を取っとる」ということは、さっきの話で言えばさ、面倒見《めんどうみ》がいいんだよ。間違《まちが》いないよ。なあ? 頼《たの》んどいたら何かしてくれるのさ。露骨《ろこつ》な「利益誘導《ゆうどう》」をしてくれるんだよ。「もう、うちの八百屋《やおや》は物が売れんで潰れそうです」って言ったら、ほかの街からたくさん買い物に来てくれるのさ。なあ？

そういうふうに、自前《じまえ》の利益誘導をしてるんだけど、野菜はどこかで買わないかんからさ。ちょっと遠いけど、みんな買いに来てくれたら、何かうれしいじゃないですか。それで入れたくなるよなあ。

だから、票なんかねえ、〝買収〟できるんですよ。日常生活の入り繰《く》りをしただけでも〝買える〟んですよ。本当に、そういうことはあるんでね。それは、お店のスタンプと一緒で、「たまったら、一回分タダになります」というようなものもあるかもしらんけども、「よく投票をしてくれたら、何かサービスがある」っていうのだけでも、なびくわな。

おたくからはあっちが見えんだろうけど、向こうは、それなりに結束は強いから、何らかの利益誘導を考えてるわけよ。

だから、あんたがたの〝あれ〟だったら絶対できないけど……。例えば、「団地が建ったけど、団地まで、大きな本道、国道から入ってくる道がない」みたいな感じな。「小路《こみち》がないので車で行けない」っていうようなところに、道を敷《し》いてくれたり、一生懸命《いっしょうけんめい》、まめにするわけよ。そういうことをやるわけ。

あるいは、ときどき、地域振興券《しんこうけん》みたいなものをばら撒いたりするわけね。ああいうものを何千億円分か撒いたりする。やっぱり、あそこは生活保護所帯が多いからね。

それでも、生活保護所帯みたいなところでも、「一人一票」だから。これ、一緒なんだよな。もう億万長者《ちょうじゃ》だって「一人一票」、生活保護所帯でも「一人一票」。この弱点に目をつけたのが創価学会《そうかがっかい》だよ。

あるいは、実際上、選挙権のない、第三国が入ってるのにも選挙権を与《あた》えようとして、やっとるわな。彼らは、今は選挙権がなくても、まだ運動員には使えるしね。運動員としては、運動するからね。それはできるし。

だから、それなりに汗《あせ》は流してるわけよ。そのへん、ちょっと考えないといかんところはあると思うなあ。

〝浪花節《なにわぶし》〟の部分と〝御利益《ごりやく》〟をつくらないといけない

田中角栄　もちろん、宗教としては、おたくのほうがよっぽど筋《すじ》が通った宗教になってるとは思うんだけどね。だけど、世の中は、それだけでは動かんので。そういう理屈《りくつ》ではなくて、「情《じょう》」と「理《り》」といって、情の部分がないと動かないのよ。情で絡《から》め取らないと、票は取れないんでね。

あんたがたはインテリ集団だからさあ。「インテリは、基本的に冷たい」んだよ。それがあるので、その情の部分をつくらなきゃいけない。それぞれに、〝浪花節《なにわぶし》〟の部分をつくらないといけないわけだし、人との「美しい、いい話」があちこちで出なきゃいけないわけよ。

宗教としては「病気治しのいい話」があるかもしらんが、そちらの政経塾では、何かいい話があったのかい？　わしは知らんがなあ。そんな「政経塾のいい話」っていったら、何か特集でもあるのかね。どうなの？

吉井　ここは、もっとつくっていきたいと思います。

田中角栄　ないんだろう？

吉井　ええ。つくっていきたいと思います。

田中角栄　要するに〝御利益《ごりやく》〟がないわけ。やっぱり、御利益がないわけよ。なあ？　だから、宗教ではなくても、御利益をつくらないといかんよ。御利益が要るわけよ。政経塾と付き合って、政党と付き合って、何の〝御利益〟があるのか。

言い方は悪いよ。露骨ですまんと思うけどね。宗教のほうをバカにしたような言

田中角栄　あの世からの「金言」⑬

「インテリは、基本的に冷たい」んだよ。それがあるので、その情の部分をつくらなきゃいけない。それぞれに、〝浪花節《なにわぶし》〟の部分をつくらないといけないわけだし、人との「美しい、いい話」があちこちで出なきゃいけないわけよ。

い方をしてるかもしらんけども、やっぱり、政治だと御利益は御利益なんだよ。その御利益を、違ったかたちでやらないかんわけよ。

今は、もう昔みたいには聞かないけどね、昔は、やっぱり、「息子《むすこ》さんが就職できないでいる」というのを押《お》し込《こ》んでくれる政治家は、ありがたかったわけよ。電話して、知り合いのところに行って、「引き取ってくれんか」と言ったりしてくれたら、ありがたいわな。

それから、入学で困ってるとき、特に、補欠なんていうときに役に立つよね。「補欠で入れてもいいし、入れなくてもいい」というあたりだと、一本電話が入ったら、やっぱり入れたくなるわな。

そういうこともあるので、やっぱり〝御利益〟をな……。まあ、名前は悪いから、別の名前に変えてもいいよ。「御利益」でなくてもいいよ、「幸福」でもいいですよ。「幸福が舞《ま》い込んでくる話」を、もう少しつくらないと、君らの支持率は上がらないんじゃないかなあ。

「お金の使い方」「他党との差別化」の部分をよく考えること

吉井　今日は、本当に、多岐《たき》にわたるご講義を頂きまして、ありがとうございます。これらの一つひとつを糧《かて》にして、塾生一同、全力を尽《つ》くして、道を拓《ひら》けるように頑《がん》張《ば》ってまいりたいと思います。

田中角栄　だから、君らね、教団の資金をだいぶ使ってて……。今、君らだけではなくて、政党のほうもそうなのかな？　だいぶ使ってるけど、かなり「投資効率」が悪いよ。

あれはねえ、やっぱり、手金《てがね》をつくってない人たちがやっとるからだよ。自分で商売をして、会社経営をしたような人たちは、もうちょっと「お金の使い道」や「稼《かせ》ぎ方」、「値打ち」がよく分かっとるから、大事に使う。

だけど、君らは、もうどこかから降ってきた広告宣伝費みたいな、会社の広告宣伝費みたいな感じで政治活動をやってる。これは駄目だね。

ここが、ほかの信者から見てねえ、見えてる。ほかの信者から見て、「ああ、人の金を使ってやっとるな」っていうのが見えてるからさ、ありがたくないんだよ、全然。な？　ここを、もうちょっとよく考えたほうがいいよ。

だから、勝手には尊敬はしてくれん。「給料をもらって、宣伝費を使えて、それで、まだ『尊敬しろ』って言うんか」って。信者から言やあ、そういうことだろう？　これは、信者が減る要因にはなっても、増える要因にならんわな。

増える要因になるためには、やはり、宗教が手の届かないところの面倒を見られるところが出てこなかったら、存在意義はないわな。

それと、ほかの政党との「差別化」のところを、もうちょっと考えないといかんわなあ。いいところ、おいしいところは、全部、自民党に〝吸い取られ〟てるんだろう？　彼らは「実行力」があるからな。君らに言っても、実行力がないけど、そのアイデアを頂けば、自民党はやってのけられる。

だから、自民党票になる。〝君らのアイデアで〟自民党票になる。逆にやられてるわ。向こうが上手《うわて》だな。これ、何とか逆流させないといかんのじゃないかな。

吉井　はい。そのあたりを逆流させるためにも、一つひとつ努力を重ねてまいりたいと思います。

田中角栄　まあ、頑張ってください。

吉井　はい。本日はありがとうございました。

10　田中角栄元総理の霊言《れいげん》を終えて

大川隆法　（三回手を叩《たた》く）普通《ふつう》の人とは違《ちが》う部分もあったのではないかと思います。

ただ、多少、遠慮《えんりょ》された部分もあるのではないでしょうか。はっきりと言って、「アベノミクス」や「外交戦略」のところまでは、自分の立場では責任が取れないと思い、言わなかったので、もう少し原始的な政治家の部分を言われていたような気がします。

お金のところではだいぶ苦しんだのでしょう。彼は、「お金を撒《ま》くことで速度を縮める」ということをしたと思いますが、今はそれが通らないため、何か別の方法を編み出さないといけないようです。お金を撒いて歩くことは許されなくなってきているため、別の方法を編《あ》み出《だ》す必要があるということです。この発明ができたら時間が縮《ちぢ》まるということでしょうか。考えてみてください。

では、ありがとうございました（二回手を叩く）。

あとがき

田中角栄は、どちらかというと私の好きなタイプの政治家である。経済人では松下幸之助もそうである。私は浪花節《なにわぶし》が似合《にあ》う叩《たた》き上《あ》げの成功者も好きだし、頭のいい理論派の人も好きである。そうでなければ、東大法学部卒で、新宗教《しんしゅうきょう》の教祖《きょうそ》になどなりはしなかっただろう。

私は人間の可能性を信じているし、磨《みが》き、磨かれてリーダーが出てくることの重要性も知っているつもりだ。

責任と自覚をもって、自分をつくり上げてきた人間こそが、重い負担《ふたん》に耐《た》えて新時代への血路《けつろ》を拓《ひら》く使命《しめい》をになっていると思う。

本書は、今、手探《てさぐ》りで日本の政治の未来を求めている私たちに対して、「平成の世」を乗り越えていく着実《ちゃくじつ》なヒントを与《あた》えてくれるのではないかと思う。

二〇一六年　四月十三日

幸福《こうふく》の科学《かがく》グループ創始者兼総裁《そうししゃけんそうさい》
ＨＳ政経塾創立者兼名誉塾長《せいけいじゅくそうりつしゃけんめいよじゅくちょう》　大川隆法《おおかわりゅうほう》

『天才の復活　田中角栄の霊言』大川隆法著作関連書籍

『現代の正義論』（幸福の科学出版刊）
『世界を導く日本の正義』（同右）
『景気回復法――公開霊言　高橋是清・田中角栄・土光敏夫――』（同右）
『救国の秘策――公開霊言　高杉晋作・田中角栄――』（同右）
『政治家が、いま、考え、なすべきこととは何か。元・総理　竹下登の霊言』
（幸福実現党刊）

※左記は書店では取り扱っておりません。最寄りの精舎・支部・拠点までお問い合わせください。
『黒帯英語』シリーズ（宗教法人幸福の科学刊）

天才《てんさい》の復活《ふっかつ》　田中角栄《たなかかくえい》の霊言《れいげん》

2016年4月27日　初版第1刷

著　者　　大《おお》　川《かわ》　隆《りゅう》　法《ほう》

発　行　　ＨＳ政経塾
〒141-0022 東京都品川区東五反田1丁目2番38号
TEL(03)5789-3770

発　売　　幸福の科学出版株式会社
〒107-0052 東京都港区赤坂2丁目10番14号
TEL(03)5573-7700
http://www.irhpress.co.jp/

印刷・製本　株式会社 研文社

落丁・乱丁本はおとりかえいたします

ISBN978-4-86395-784-8 C0030
カバー写真：時事通信フォト
写真：時事／毎日新聞社／時事通信フォト／朝日新聞社／時事通信フォト
Deutsches Bundesarchiv ／ David Bohrer ／ジョー／PIXTA

大川隆法ベストセラーズ・事業成功の秘訣

帝王学の築き方

危機の時代を生きるリーダーの心がけ

追い風でも、逆風でも前に進むことがリーダーの条件である——。帝王学をマスターするための智慧が満載された、『現代の帝王学序説』の続編。

2,000円

経営の創造

新規事業を立ち上げるための要諦

才能の見極め方、新しい「事業の種」の探し方、圧倒的な差別化を図る方法など、深い人間学と実績に裏打ちされた「経営成功学」の具体論が語られる。

2,000円

実戦起業法

「成功すべくして成功する起業」を目指して

起業を本気で目指す人、必読! 事業テーマの選択や人材の養成・抜擢の勘所など、未来の大企業をつくりだす「起業論」の要諦が、この一冊に。

1,500円

※表示価格は本体価格(税別)です。

大川隆法シリーズ・最新刊

世界を導く日本の正義

20年以上前から北朝鮮の危険性を指摘してきた著者が、抑止力としての日本の「核装備」を提言。日本が取るべき国防・経済の国家戦略を明示した一冊。

1,500円

ヒトラー的視点から検証する 世界で最も危険な独裁者の見分け方

世界の指導者たちのなかに「第二のヒトラー」は存在するのか? その危険度をヒトラーの霊を通じて検証し、国際情勢をリアリスティックに分析。

1,400円

心を練る 佐藤一斎の霊言

幕末の大儒者にして、明治維新の志士たちに影響を与えた佐藤一斎が、現代の浅薄な情報消費社会を一喝し、今の日本に必要な「志」を語る。

1,400円

※表示価格は本体価格(税別)です。

大川隆法ベストセラーズ・**地球レベルでの正しさを求めて**

正義の法

法シリーズ 第22作

2,000円

憎しみを超えて、愛を取れ

第１章　神は沈黙していない
――「学問的正義」を超える「真理」とは何か

第２章　宗教と唯物論の相克
――人間の魂を設計したのは誰なのか

第３章　正しさからの発展
――「正義」の観点から見た「政治と経済」

第４章　正義の原理
――「個人における正義」と
「国家間における正義」の考え方

第５章　人類史の大転換
――日本が世界のリーダーとなるために
必要なこと

第６章　神の正義の樹立
――今、世界に必要とされる「至高神」

テロ事件、中東紛争、中国の軍拡――。どうすれば世界から争いがなくなるのか。あらゆる価値観の対立を超える「正義」とは何か。
著者2000書目となる「法シリーズ」最新刊！

現代の正義論

憲法、国防、税金、そして沖縄。
――『正義の法』特別講義編

1,500円

国際政治と経済に今必要な「正義」とは――。北朝鮮の水爆実験、イスラムテロ、沖縄問題、マイナス金利など、時事問題に真正面から答えた一冊。

幸福の科学グループのご案内

宗教、教育、政治、出版などの活動を通じて、地球的ユートピアの実現を目指しています。

幸福の科学

一九八六年に立宗。信仰の対象は、地球系霊団の最高大霊、主エル・カンターレ。世界百カ国以上の国々に信者を持ち、全人類救済という尊い使命のもと、信者は、「愛」と「悟り」と「ユートピア建設」の教えの実践、伝道に励んでいます。

（二〇一六年四月現在）

愛

幸福の科学の「愛」とは、与える愛です。これは、仏教の慈悲《じひ》や布施《ふせ》の精神と同じことです。信者は、仏法真理をお伝えすることを通して、多くの方に幸福な人生を送っていただくための活動に励んでいます。

悟り

「悟り」とは、自らが仏の子であることを知るということです。教学《きょうがく》や精神統一によって心を磨き、智慧《ちえ》を得て悩みを解決すると共に、天使・菩薩《ぼさつ》の境地を目指し、より多くの人を救える力を身につけていきます。

ユートピア建設

私たち人間は、地上に理想世界を建設するという尊い使命を持って生まれてきています。社会の悪を押しとどめ、善を推し進めるために、信者はさまざまな活動に積極的に参加しています。

国内外の世界で貧困や災害、心の病で苦しんでいる人々に対しては、現地メンバーや支援団体と連携して、物心両面にわたり、あらゆる手段で手を差し伸べています。

年間約３万人の自殺者を減らすため、全国各地で街頭キャンペーンを展開しています。

公式サイト **www.withyou-hs.net**

ヘレン・ケラーを理想として活動する、ハンディキャップを持つ方とボランティアの会です。視聴覚障害者、肢体不自由な方々に仏法真理を学んでいただくための、さまざまなサポートをしています。

公式サイト **www.helen-hs.net**

INFORMATION

お近くの精舎・支部・拠点など、お問い合わせは、こちらまで！

幸福の科学サービスセンター

TEL. 03-5793-1727 （受付時間 火〜金：10〜20時／土・日・祝日：10〜18時）

幸福の科学 公式サイト happy-science.jp

政治

幸福実現党

内憂外患《ないゆうがいかん》の国難に立ち向かうべく、二〇〇九年五月に幸福実現党を立党しました。創立者である大川隆法党総裁の精神的指導のもと、宗教だけでは解決できない問題に取り組み、幸福を具体化するための力になっています。

幸福実現党 釈量子サイト
shaku-ryoko.net

Tiwitter
釈量子@shakuryoko
で検索

党の機関紙
「幸福実現NEWS」

幸福実現党 党員募集中

あなたも幸福を実現する政治に参画しませんか。

○ 幸福実現党の理念と綱領、政策に賛同する18歳以上の方なら、どなたでも党員になることができます。

○ 党員の期間は、党費（年額 一般党員5千円、学生党員2千円）を入金された日から1年間となります。

党員になると

党員限定の機関紙が送付されます。
（学生党員の方にはメールにてお送りします）
申込書は、下記、幸福実現党公式サイトでダウンロードできます。

住所：〒107-0052
東京都港区赤坂2-10-8 6階
幸福実現党本部

TEL **03-6441-0754**
FAX **03-6441-0764**
公式サイト **hr-party.jp**
若者向け政治サイト **truthyouth.jp**

出版メディア事業

幸福の科学出版

大川隆法総裁の仏法真理の書を中心に、ビジネス、自己啓発、小説など、さまざまなジャンルの書籍・雑誌を出版しています。他にも、映画事業、文学・学術発展のための振興事業、テレビ・ラジオ番組の提供など、幸福の科学文化を広げる事業を行っています。

アー・ユー・ハッピー？
are-you-happy.com

ザ・リバティ
the-liberty.com

幸福の科学出版
TEL **03-5573-7700**
公式サイト **irhpress.co.jp**

THE FACT

ザ・ファクト
マスコミが報道しない
「事実」を世界に伝える
ネット・オピニオン番組

Youtubeにて
随時好評配信中！

ザ・ファクト　検索

NEW STAR PRODUCTION

ニュースター・プロダクション

ニュースター・プロダクション（株）は、世界を明るく照らす光となることを願い活動する芸能プロダクションです。二〇一六年三月には、ニュースター・プロダクション製作映画「天使に〝アイム・ファイン〟」を公開。

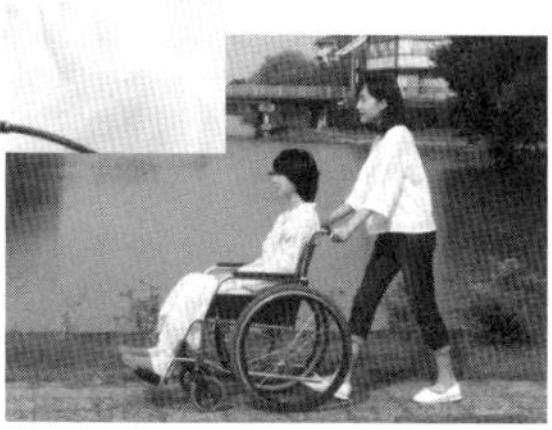

映画「天使に〝アイム・ファイン〟」のワンシーン（下）と撮影風景（左）。

公式サイト
newstar-pro.com

人生の大学院として、理想国家建設のための指導者を養成する

HS政経塾

HAPPY SCIENCE INSTITUTE OF GOVERNMENT AND MANAGEMENT

HS政経塾とは

幸福の科学　大川隆法総裁によって創設された、「未来の日本を背負う、政界・財界で活躍するエリート養成のための社会人教育機関」です。既成の学問を超えた仏法真理を学び、地上ユートピア建設に貢献する人材を輩出する「現代の松下村塾」「人生の大学院」として設立されました。

大川隆法名誉塾長

「ＨＳ政経塾」の志とは

ＨＳ政経塾の志をあえて述べれば、「現代の松下村塾はここにあり」というところです。

松下村塾そのものも、山口県萩市にある遺構を見ると、非常に小さな木造の建物ですけれども、あそこから明治維新の偉大な人材が数多く出てきました。

やはり大事なのは規模や環境ではなく、志や熱意を中軸にして、各人の行動力や精進力に火をつけていくことなのです。

したがって、自分に厳しくあっていただきたいのです。あらゆる言い訳を排して、自らに厳しくあってください。自らを律し、自ら自身を研鑽して、道を拓いていただきたいと考えています。

（ＨＳ政経塾第一期生入塾式 法話「夢の創造」より）

カリキュラムの特徴

① 仏法真理の徹底教学

信仰心を深め、見識を磨き、宗教立国実現のビジョンを腑に落とします

② プロフェッショナルとしての土台を築く

政策立案や起業に向けた専門的知識と実践力を身につけます。

③ 政治家・企業家としての総合力の養成

体力・気力・胆力に磨きをかけつつ、リーダーとしての人間力や問題解決能力を鍛えます。

塾生募集 ※2016年現在のものです。

国を背負うリーダーを目指す、熱き志ある方の応募をお待ちしています。

【応募資格】 原則22歳～32歳で、大学卒業程度の学力を有する者。

【応募方法】 履歴書と課題論文をお送りください。毎年、2月ごろに第一次募集要項（主に新卒対象）、8月ごろに第二次募集要項をホームページ等にて発表いたします。

【待遇】 研修期間は、3年間を上限とします。毎月、研修費を支給します。

公式ホームページ http://hs-seikei.happy-science.jp/
公式Facebook https://www.facebook.com/hsseikei/
お問い合わせは hs-seikei@kofuku-no-kagaku.or.jp
03-5789-3770 まで。

入会のご案内

あなたも、幸福の科学に集い、ほんとうの幸福を見つけてみませんか？

幸福の科学では、大川隆法総裁が説く仏法真理をもとに、
「どうすれば幸福になれるのか、また、
他の人を幸福にできるのか」を学び、実践しています。

入会

大川隆法総裁の教えを信じ、学ぼうとする方なら、どなたでも入会できます。入会された方には、『入会版「正心法語」』が授与されます。（入会の奉納は1,000円目安です）

ネットでも**入会**できます。詳しくは、下記URLへ。
happy-science.jp/joinus

三帰《さんき》誓願《せいがん》

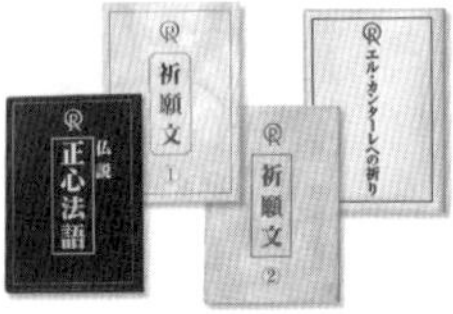

仏弟子としてさらに信仰を深めたい方は、仏・法・僧の三宝への帰依を誓う「三帰誓願式」を受けることができます。三帰誓願者には、『仏説・正心法語』『祈願文①』『祈願文②』『エル・カンターレへの祈り』が授与されます。

植福《しょくふく》の会

植福は、ユートピア建設のために、自分の富を差し出す尊い布施の行為です。布施の機会として、毎月1口1,000円からお申込みいただける、「植福の会」がございます。

ご希望の方には、幸福の科学の小冊子（毎月1回）をお送りいたします。詳しくは、下記の電話番号までお問い合わせください。

月刊「幸福の科学」

ザ・伝道

ヤング・ブッダ

ヘルメス・エンゼルズ

INFORMATION

幸福の科学サービスセンター
TEL. 03-5793-1727（受付時間 火〜金：10〜20時／土・日・祝日：10〜18時）
幸福の科学 公式サイト **happy-science.jp**